Querida Livi,

Espero que te encuentres bien,
pasando tiempo con familia. Son
días extraños pero ya pasarán.
La poesía puede ser un buen
antídoto a la crisis, así que te
mando esta colección de nuestro
amigo, Juan Matos. Vamos a
utilizarlo como una base para
trabajar en clase y siempre será
un recuerdo de un momento
inolvidable.

Con cariño,
Señor Stephenson

BOOKS & SMITH

New York Editors

# The Man Who Left

## El hombre que se fue

# Juan Matos

English Translations by

**Rhina P. Espaillat**

*The Man Who Left / El hombre que se fue*

Second bilingual edition/Segunda edición bilingüe
© 2017 Juan Matos

Composed and diagramed by/Compuesto y diagramado por
Books&Smith New York Editors 2017

Cover design by/Diseño de portada por
Edgar Smith, Books&Smith New York Editors

Picture of the author/Foto del autor: Manuel Sierra
English translations by Rhina P. Espaillat
El Poema *Dolor de hermano*/The poem *Brother's pain*,
fue traducido por/was translated by Marianela Medrano
Cover photo/Foto de la portada:
David Left for America / David se fue a América
Sculpture by the late Alfred Moskowitz,
American sculptor and painter.
Authorized by Rhina P. Espaillat

Author contact/Contacto del autor:
**jemc1024@gmail.com**

ISBN: **978-0-9897193-8-4**

Printed in USA/Impreso en USA

www.booksandsmith.com
booksandsmith@hotmail.com

*In loving memory of my parents*
*Juan Bautista Matos and Epifanía Cuevas de Matos*

To my wife, *Alma Matos,*
to our beloved sons and daughter
*Juan Ernesto, Manuel David;*
*Alma Leticia, James Notaro;*
and our precious granddaughter *Audrey Amelia.*

To all my beloved *Bateyeros*
with a burning *cañaveral* in our memories.

*To all my brothers and sisters,*
*with all my love, beyond our veins.*

To Rhina Espaillat — *Rhinamai* —
Mother and Mentor, with love and gratitude.
*In loving memory of Alfred Moskowitz — Pai Alfred —*
*for the love he gave us.*

To my beloved Mentors
*José Segura, Dagoberto López-Coño;*
*César Sánchez Beras, Miguel Collado,*
*Diógenes Abréu, and Jacobo Walters;*
*and to all the brothers and sisters of literature from whom*
*I constantly receive their solidarity, love,*
*and remarkable support.*

Published by Books&Smith New York Editors

**Rhina P. Espaillat (1932)** Dominican by birth, has lived in the United States since 1939, taught English in NYC, and has published poetry, short stories and essays, in both English and Spanish. She also publishes translations from both languages, especially from the work of Sor Juana Inés de la Cruz and other Latin American and Spanish poets, as well as work by Richard Wilbur and Robert Frost, among other poets of the United States. Her book, *Where Horizons Go,* was the winner of the T.S. Eliot Prize in Poetry. She was awarded the 2001 Richard Wilbur Award for *Rehearsing Absence,* as well as the 2003 Stanzas Prize for *The Shadow I Dress In.* Her most recent books include *Her Place in These Designs,* a poetry collection in English; *Agua de dos Ríos,* a collection of her essays and poems in both languages; and *El olor de la memoria/The Scent of Memory,* her short stories in bilingual format.

1

# Exordio

## El Viajero Múltiple
### Rhina P. Espaillat

En un poema titulado "La ilusión de la memoria", Juan Matos, poeta de la diáspora dominicana, dice:

> *El exiliado no es solo un hombre.*
> *Es el hombre que se fue y el hombre que llegó.*
> *....*
> *El hombre que llegó*
> *vino solo.*
> *Pero en sus ojos trajo todo.*

Me parecen esas frases una descripción precisa de la experiencia del inmigrante, sea del Caribe o del punto más lejano y menos parecido a nuestra isla, porque sea de donde sea, el que deja —por razón cualquiera— la tierra donde nació, se vuelve plural, se vuelve viajero múltiple con residencia en el suelo que lo adopta y que él quisiera adoptar, pero también en ese "todo" que viaja con él, "en sus ojos".

Son frases que evocan en mí el recuerdo de mis padres, exiliados políticos durante la era de Trujillo, nombrando los familiares que se habían quedado en "el terruño", y la certidumbre con que esperaban la vuelta a su tierra natal, para vivir entre los suyos. Me recuerdan el ahínco con que buscaban los víveres recordados —la yuca, la yautía, el ñame, difíciles de encontrar en el New York de esa época— y el placer que nos brindaba la radio hispana, entonces en su infancia.

# Exordium

## The Multiple Traveler
### Rhina P. Espaillat

In a poem titled "The Illusion of Memory," Juan Matos, a poet of the Dominican diaspora in New England, notes that:

*The exile is not one man alone.*
*He is the man who departed and the man who arrived.*
....
*The man who arrived*
*came alone.*
*But in his eyes he brought everything.*

Those phrases strike me as a precise description of the experience of the immigrant, whether he is from the Caribbean or from the farthest place, the place that least resembles our island, because wherever he is from, whoever leaves —for any reason whatsoever— the land of his birth, becomes plural, becomes a multiple traveler, a resident of the land that adopts him and that he longs to adopt, but also of that "everything" that travels with him, "in his eyes."

Those phrases evoke in me the memory of my parents, political exiles during the era of Trujillo, and how they spoke of the family members who had remained behind in "native earth," and the certainty with which they counted on an eventual return to their birthplace, to live among their own. I recall how eagerly they searched for those remembered root vegetables —yucca, yautía, ñame, which were hard to find in New York in those days— and the pleasure we found in Hispanic radio programming, then in its infancy.

Se trata, claro, de la simple nostalgia, el deseo universal de mantener intactos los vínculos que nos atan a la casa de familia, la primera comunidad que conocimos, con sus olores y sabores, su flora y la música de su vida diaria. Pero si de veras no fuera más que nostalgia, sería una fuerza negativa, un deseo inútil de detener el tiempo, encerrarse en el pasado, y vivir, con la imaginación, en ese espacio inventado donde nada cambia.

No, el inmigrante se multiplica en otro sentido, o mejor dicho, en dos sentidos: hacia afuera, encaminándose hacia lo nuevo y desconocido para aprender a manejarlo, y a la vez hacia adentro, para aprender a juzgar, pero con ojos nuevos, ese pasado perdido que sigue ejerciendo su influencia sobre la vida y el pensamiento. Así crece y cambia el que fue señorito mimado, antes bien servido en la casa familiar, cuando se descubre sin quién le sirva en su nueva residencia, y aprende a fregar los platos —y quizás hasta cocinarlos primero— mientras su mujer trabaja o baña la niña. Así crece y cambia, también, su mujer, antes acostumbrada a su puesto en la jerarquía familiar, a sus deberes "inalterables", que ahora descubre intereses nuevos, recursos sociales que antes no gozaba, y el ideal —lejano pero atractivo— de la igualdad entre el hombre y la mujer. Así aprende el niño a forjarse una "familia" nueva compuesta de vecinos y compañeros de clase, ya que le quedan lejos los de su sangre.

Así cambiamos todos: el que fue abogado en su pueblo, y ahora vende aparatos electrónicos, por necesidad, para pagar por el curso que le permitirá graduarse de quién sabe qué; la que fue cocinera, que abre una fonda en Washington Heights y manda a buscar dos sobrinas con sus primeras ganancias, para inscribirlas en la universidad; la "doña" que por primera vez experimenta la falta total de sus antiguos privilegios sociales y aprende a ser "como las otras".

What I am remembering, of course, is simple nostalgia, the universal desire to preserve, unbroken, those links that keep us connected to home and family, the first community we encounter, with its smells and flavors, its flora and the music of its daily life. But if it were no more than nostalgia, it would constitute a negative force, a vain attempt to stop time, enclose oneself in the past, and live in one's imagination, in an invented space where nothing changes.

No, the immigrant multiplies in another sense, or rather, in two others: outward, moving toward the new and unknown in order to master it, and simultaneously inward, in order to learn how to judge, but with new eyes, that lost past that nevertheless continues to exert its influence over his life and his thought. So, for instance, the spoiled young gentleman, once dutifully served by others in the family home, grows and learns to wash the dishes —and perhaps even cook them first— while his wife works or bathes the baby. So, too, his wife, once accustomed to her place in the family hierarchy and her "unalterable" duties, may now discover new interests, social resources not available to her before, and conceives the goal —distant but attractive— of equality between man and woman. And so, too, the child may learn to forge a new "family" composed of neighbors and classmates, now that his extended blood family is far away.

So, in fact, all of us change: the man who was a lawyer in his country, but now sells electronic equipment, in order to pay for the courses that will enable him to earn a degree in who knows what; the woman who was once somebody's cook, who now opens a fast-food stand in Washington Heights and uses her first earnings to send for her nieces so as to enroll them in the local college; the "Doña" who experiences, for the first time, the total loss of her old social privileges and now learns to be "like everyone else."

Mi papá decía que le habían servido de educación imprescindible los años que pasó haciendo lo que le viniera a la mano para ganarse la vida en el New York de los años treinta, en plena Depresión. Decía —sin ironía ni amargura— que todo el que quiere comprender y apreciar la vida necesita tal experiencia.

Las circunstancias del inmigrante —ese viajero múltiple— lo obligan a examinar mucho que antes daba por seguro, inclusive sus actitudes heredadas, sus prejuicios, sus esperanzas, su misma identidad. Esa noción de la identidad personal, tan ligada a la comunidad ancestral, al "todo" que trae consigo "el hombre que vino", deja de ser, para el inmigrante, un hecho estático que nace y muere con el individuo, y se vuelve más bien un proceso, una evolución constante, una reacción hacia las necesidades del momento. El recuerdo perdura, y guarda lo que fue en un espacio que siempre le pertenece a lo más íntimo del ser; pero la realidad externa y presente crea otro espacio, y el inmigrante vive en ese también, con las múltiples lealtades, relaciones, idiomas, capacidades y actitudes que irán formando su verdadera identidad, de día en día.

Es más, el inmigrante se encuentra obligado a indagar en las identidades de los "Otros" que lo rodean, porque en ciertas circunstancias le tocará vivir, no solo <u>entre</u> ellos, sino <u>con</u> ellos, formando grupos solidarios que cruzan todas las líneas de etnia, idioma, religión y clase, para resolver problemas comunitarios o lograr metas comunes. El viajero múltiple es el que reconoce, en ese Otro, los rasgos, los anhelos y las ansias universales, pruebas de una hermandad no sospechada; es el que aprende, si es inteligente y observador, a desechar las sospechas mutuas y los mitos que nos dividen de los "extraños".

My father used to say that it had been an invaluable part of his education to spend several years working at whatever turned up, in order to earn a living in New York during the thirties, in mid-Depression. He used to say —without irony or bitterness— that everyone who wants to understand and appreciate life needs such an experience.

The circumstances of the immigrant —that multiple traveler— obligate him to rethink a great deal that he once took for granted, including inherited attitudes, biases, hopes, his very identity. The notion of a personal identity firmly tied to the ancestral community, the "everything" brought with him by "the man who arrived," ceases to be, for the immigrant, a static condition that is born and dies with the individual, and becomes, instead, a process, a constant evolution, a reaction to the needs of the moment. Memory endures, and preserves what used to be, in a space that remains at the intimate core of his being. But external, present reality creates another space, and the immigrant also lives in that one, with the multiple loyalties, relationships, languages, capacities and attitudes that will, bit by bit and day by day, create his true identity.

What's more, the immigrant is forced to investigate the identities of the "Others" who surround him, because under some circumstances he finds himself living not only among them, but with them, within groups that cross ethnic, language, religious and class barriers, formed to resolve community problems and achieve common goals. The multiple traveler is the one who recognizes, in those Others, the universal human traits, ambitions and concerns that imply an unsuspected brotherhood; he is the one who learns, if he is intelligent and observant, to discard the mutual suspicion and preconceived ideas that divide us from "strangers."

He visto, con orgullo, que los dominicanos en Nueva York, en Nueva Inglaterra, y donde sea que echan raíces en este país, con gran facilidad forman organizaciones de tipo comunitario, cultural y educativo, y que esas organizaciones con frecuencia incluyen personas no dominicanas, y ni siquiera hispanas. En Massachusetts, donde vivo, existe en la población dominicana un fuerte deseo de darse a conocer, y de conocer y tratar a los vecinos no hispano-parlantes. Eso ha resultado en una gran simpatía en el público local, sobre todo hacia los poetas que escriben en español. Noto un fuerte interés en nuestra cultura, y un impulso hacia la traducción de obras hispanas. Y eso, a pesar de una actitud, general en este país hoy día, que resulta negativa hacia los inmigrantes, de parte de varias personas: actitud que infelizmente se hace sentir en todos los niveles del gobierno, y que constituye un peligro a nuestro desarrollo.

Creo que a nosotros los viajeros múltiples nos toca combatir esa negatividad, no solo por vía de la ley, sino también haciendo lo que suele ser natural a nuestro carácter: es decir, no separarnos de lo que nos rodea, sino al contrario darnos a conocer, hacernos parte de todo proyecto positivo, demostrar nuestro deseo de colaborar en pos de las muchas soluciones que hacen falta, y corregir siempre —con buen humor, pero con datos y firmeza—, los prejuicios que ponen en peligro nuestros derechos, y los derechos, también, de los demás. Creo que la evolución nos lleva hacia la justicia para todos, y no la justicia parcial para estos pero no aquellos: ese viaje también nos toca, porque conocemos la injusticia —sobre todo los que hemos vivido bajo una dictadura—, y ya sabemos que queremos otra cosa mejor para los que nos siguen.

I've observed, with some pride, that Dominicans in New York, New England, and wherever else they send down roots in this country, are quick to form community, cultural and educational organizations, and that those organizations often include people who are not Dominican, or even Hispanic. In Massachusetts, where I live, they evince a lively desire to make themselves known, and to know and interact with their neighbors who are not Spanish-speaking. That desire has elicited a certain sympathetic reaction from the native population, especially toward some local poets who write in Spanish. I'm aware of a new interest in our culture, and new support for the translations of Spanish language works. And that, despite the reality of anti-immigrant sentiments among some in this country today that, unfortunately, can be detected at every level of government, and that endanger our advancement.

I think that we multiple travelers need to combat those sentiments, not only by legislative means, but also by doing what seems natural: that is, by not separating ourselves from what surrounds us, but on the contrary by making ourselves known, by becoming part of every positive initiative, demonstrating our desire to work together for necessary solutions, and correcting —with civility, but also with facts, and firmly— the misconceptions that endanger our rights, as well as the rights of others. I believe that evolution is taking us toward justice for everyone, rather than partial justice for some and none for others. I believe that's a voyage appropriate to us, because we are familiar with injustice —especially those of us who have lived under dictatorships—, and we know how badly we want something better for those who come after us.

Nos toca, también, el viaje hacia el futuro, que podrá cambiar profundamente lo que hemos sido hasta ahora, y producir descendientes que en nada se han de parecer a los viejos queridos que enterramos en La Vega y Jarabacoa. Hablaran otro idioma —y quizás, con suerte, dos o tres, comenzando por el nuestro; pensarán de otro modo—, quién sabe si de nuestro gusto; y viajarán, en su turno, por caminos que nosotros no soñamos. Porque somos múltiples, sabemos trasladarnos con la imaginación no sólo al pasado, sino también al futuro, para ir aprendiendo, poco a poco, a aceptar la realidad fundamental de la vida: que, como dice Juan Matos en el mismo poema citado antes,

> *El hombre que se fue, se fue,*
> *y dejó cuanto quedó, que quedándose,*
> *sin embargo, no está.*

Todos nos vamos, y debemos dejarle a los hijos y nietos todo lo valioso que hemos heredado, aprendido y descubierto. Pero lo más valioso que le dejamos a los que nos siguen es el derecho de no seguirnos, de ser tan múltiples como nosotros, de comprender y apreciar lo que fuimos, y sin embargo aprender de su propia experiencia, conocerse de veras, buscar su propio camino y cumplir el destino que les toca.

We also need to accept the voyage into the future, which may change profoundly what we have been until now, and produce descendants who will be nothing like the old people we loved and buried in the soil of La Vega and Jarabacoa. They will speak another language —maybe, with luck, two or three others, beginning with ours; they will think in other ways— who knows if ways to our liking; and they will travel, in their turn, on roads undreamed-of by us. Because we are multiple, we know how to transport ourselves, via the imagination, not only to the past, but also to the future, so as to begin learning to accept, bit by bit, a fundamental reality of living: that, as Juan Matos says in the poem quoted earlier,

> *The man who departed, departed,*
> *and left behind all that was left, which, being left,*
> *nevertheless, is not there.*

We all depart, and we need to leave to our children and grandchildren everything of value that we have inherited, learned and discovered. But the most valuable thing we can leave to those who follow us is the right not to follow us, the right to be as multiple as we are, to understand and appreciate what we were, but nevertheless learn through their own experience, know themselves truly, search for their own way and fulfill their own destiny.

# Del Viajero

# Of the Traveler

## La Ilusión de la memoria

*(Sobre una frase de García Márquez)*

El exiliado no es un solo hombre.
Es el hombre que se fue y el hombre que llegó.
El hombre que se fue, se fue,
y dejó cuanto quedó, que, quedándose,
sin embargo,
no está.
¿Adónde?
Su patio.
Su escuela.
Los suyos…
¿Adónde?
El hombre que se fue, se fue,
pero los otros…
¿Adónde?
El hombre que se fue
se fue solo.
Solo.
¡Pero con todo!

El hombre que llegó,
llegó; y con él, él.
El hombre que llegó
vino solo.
Pero en sus ojos trajo todo.
Todo.
Su vida a cuestas.
El hombre que llegó
llegó; y con él, él.
Pero vino solo.
Solo… solamente él.

## The Illusion of Memory

(*On a phrase by García Márquez*)

The exile is not one man alone.
He is the man who departed and the man who arrived.
The man who departed, departed,
and left behind all that was left, which, being left,
nevertheless, is not there.
Where?
His garden.
His school.
His people...
Where?
The man who departed, departed,
but those others...
Where?
The man who departed
departed alone.
Alone.
But with everything!

The man who arrived,
arrived, and with him, himself.
The man who arrived
came alone.
But in his eyes he brought everything.
Everything.
His life on his back.
The man who arrived
arrived, and with him, himself.
But he came alone.
Alone... only himself.

## Ante una foto del cayo

Inigualable...
Sin embargo, plural es la memoria,
un sempiterno olearse contra el tiempo.

Atrincherados contra los embates del olvido,
arenados al vaivén de la vida que nos mece
día a día, de unidad a unidad,
péndulos del recuerdo
bogamos
multiplicando instantes perennes
pese al cronos que platea las sienes
y nos convierte en huellas, pasajes, nombres idos,
fronteras del antes y el ahora
sepultados en la infancia que nos crece,
en la mocedad —sombra agazapada—
donde tercamente albean los recuerdos
y peleamos a muerte por la vida marcada
que se niega a claudicar ante el distante emblema.

Inigualable. ¡Oh, Cayo calcinante!
Única razón de la existencia salobre,
bramido alucinante, evocación perpetua,
marea vivaz, simiente sol de soles.
A cuestas el palmar, el laurel y el bagazo.
Este bagazo-cuerpo que cargamos
más allá del pesar de los pesares;
más hondo que la hondura del retorno,
más leve que el peso del olvido...

## Before a Photo of the Cape

Unique…
And yet, the memory is plural;
a never-ending motion against time.

*3 waves*

Entrenched against the waves of oblivion,
grounded by the come and go of life that rocks us
day by day; one by one
pendulums of memory
waft us on,
multiplying perennial moments
despite the time that silvers our brows
and turns us to footprints, history, lost names,
borders of the past and the present
buried in the childhood that grows us
to puberty —that crouching shadow—
where memories, stubbornly, are reborn in mist
and we fight to the death for the life assigned to us
that refuses to surrender before a distant banner.

*like how waves crash on the beach*

*before we die*

*getting older*

*we fight to live*

Unique… Oh bursting Cape!
Unique motive for our salty existence,
hallucinating roar; perpetual evocation;
vivid tide; seed of the sun of suns!
We bear on our shoulders the palm, the laurel
and the dregs.
This body of chaff that we carry
beyond the sorrow of the sorrows;
deeper than the deep wound of return
lighter than the weight of oblivion…

*remnants = memories of the past*

*and deep in water = mind*

*god memories help us out of bad times*

17

Allá...
la vida que quedóse a los ojos
del sueño interminable. Allá la estampa
que nos minara el ente en las entrañas
del sur que se eterniza en la montaña,
arraigada memoria que nos define el alma.
Acá la imagen del ser que siempre fuimos,
la solemne inherencia de saberse compacto
pese al ramal del tiempo
que nos cincha y nos templa
cual la callosa piedra que corta impenitente
el vendaval salino que nos transita el sino.

Sempiternos —mas mortales—
nos espejamos puros
insistiendo en el arco que tensa aquel legado
donde fuimos, y somos, presencia y nunca olvido.

There…
life left behind in the eyes
of the unfinished dream. There
the symbol that planted our being
in the bowels of the south
that endures forever in the mountain,
the rooted memory that defines our soul.
Here the image of what we have always been
the solemn awareness of being whole,
despite the web of time
that trapped and tempered us
like the sharpened rock that, remorseless, cuts
the salty gale that bears our fate.

Perennial —but mortal—
we remain pure mirrors
persisting in the arch that tenses our legacy
where we were —and still are— a presence,
and never oblivion!

*[handwritten annotations:]* or legacy — how will we be remembered?

*[handwritten annotations:]* we try to be good reflection of ones that have come before us.

**Barahona, una postal...**

Sal
y no cañaverales.

Pájaros de metal.

Cesantías.
Perenne tiempo muerto.
Adiós de cultivos y frutales.

El progreso
—orgía de galleras—
apuesta ciegamente a los turistas.

En tanto,
la existencia es un alud de duendes
en lacia vida.

La polvareda seca surca el rostro de angustia
de La Perla del Sur, que hoy, desperlada,
soslayada, *contra el mar y el olvido,*
sólo cierra sus ojos al destino
como un vivir en muerte.

La polvareda seca enfanga mi memoria.

Cierro el lente.

## Barahona, a Postcard View...

Salt
—and no sugarcane fields.

Metal birds.

Unemployment.
Endless idle time.
Goodbye, crops and fruit trees.

Progress
—an orgy of cockpits—
a sure bet on tourists.

Meanwhile
existence is an avalanche of goblins
living limply.

The dry dustclouds smear the anguished face
of *The Pearl of the South,* which today, unpearled,
slanted, *against the sea and oblivion,*
only closes its eyes to fate
as if to live in its death.

The dry dustcloud muddies my memory.

I shut the lens.

## En las calles del Bronx

A pesar de las balaceras
anunciadas con sirenas

la  dignidad
de las mayoritarias *minorías*
sobrevive en las aceras
sonríe en las venduteras
se teje colorida en factorías

sobre la muerte vendida
no solo en las esquinas

en las calles del Bronx
al sur de la esperanza

vive la vida.

## On the Streets of the Bronx

Despite the shooting sprees
heralded by sirens

the dignity
of these outnumbering "minorities"
endures on the pavements
smiles from the pushcarts
is woven multicolored in the sweatshops

above the death sold
on streetcorners

on the streets of the Bronx
south of hope

life lives on.

## Bendita sea la memoria...

*(A la memoria de todos mis ancestros
del amado lar de Fundación, Barahona.)*

Tonada campesina del arroz, esa mágica sensación sonora que escuché por primera vez en el patio de "Güelita Mariana" y de "Güelito Aucho" —como solía llamar a mis abuelos maternos... Me extasiaba, me prendía de la tarde cuando los primos grandes y los tíos despulpaban el arroz con aquellas inmensas "manos de morteros" —palos hercúleos de caoba y a veces de guayacán— en su vaivén preciso, fuerte, audaz; produciendo a su vez aquella música venida de la tierra; con la mágica precisión de entrada y de salida, sin tocarse unas a las otras, las tres manos de pilón manejadas con la ingeniería del hombre de campo que cantaba, con maravillosa y rotunda voz ancestral, cantos venidos de tiempo en tiempo, de generación en generación y, ¿por qué no? Aquellas tonadas improvisadas que nacían de los sucesos acontecidos en la cotidianidad campesina. Cantos llenos de sapiencia, de pureza inigualable, de genuina sabiduría, como la de la tierra misma... ¡Ah, del desfile de esos sonidos únicos! De ahí; de la garganta de la tierra, de la polvareda, del viento suave bajo el Guatapaná, árbol de todos los siglos que aún vela mis tardes de sosiego... De ahí de las manos cayosas a fuerza de labranza; de los pies descalzos domadores de "bayajondas" (decir fundacionero) y de todos los espinos silvestres que poblaban el suelo salobre del milenario pueblo. De ahí, del ombligo de los ombligos, salía el cántico-tonada a pulular de patio en patio; llevando el testimonio del sudor honrado en el trabajo, en el labrar de la dignidad misma, esencia del existir genuino sin moldes extraños señalados. Vivencia de vivencias; memoria de memorias: ¡el canto único de las manos de pilón celebrando la fiesta del arroz ya cosechado!

## Blessed be the Memory...

*(To the memory of my ancestors
of Fundación, Barahona, my beloved native land.)*

Country tune of rice, that magical sensation of sound I heard for the first time in the patio of "Granny Mariana" and "Grandpa Aucho" —as I used to call my grandparents on my mother's side... It delighted me, it made me love the afternoon, when the grownup cousins and the uncles would beat the rice with those enormous pestles, strong wooden clubs of *caoba*, sometimes of *guayacan*; with their precise, heavy, daring rhythm producing in time that music drawn from the earth; with the magical precision of entry and exit; without touching each other, the three pestles manipulated with the ingenuity of the rural man who sang, with a marvelous and rotund ancestral voice, songs that reached us from age to age, from generation to generation; and why not, those improvised tunes born of events that constituted the daily life of the country; songs full of knowledge; of unequaled purity; of genuine wisdom, like that of the earth itself... Ah, those unique sounds! From there, from the throat of the earth, from the dust, from the gentle breeze under the *Guatapaná*, tree of all the centuries that still watches over my peaceful afternoons... From there, from the hands calloused by labor; from the bare feet that used to tame *bayajondas* (a word from the early days) and all the childhood troubles that inhabited the brackish soil of my ancient *pueblo*... From there, the navel of all navels, emerged the canticle-tune, pullulating from patio to patio, beating witness to the honorable sweat of labor, engaged in the very work of dignity itself, essence of genuine living without any sign of models from elsewhere... Experience of experiences, memory of memories, the unique song of the pestles celebrating the feast of rice after the harvest...

## Se trajo el río en los ojos

*(A la poeta Liliana Bilbao,*
*con un Guadalquivir desbordado de aprecio.)*

Se quedó allí, sentada sobre las piedras pesadas de su pasado. No era la luz luz en sus ojos. Copiosas, sus pestañas eran cascadas de destellos. Una inmensa nostalgia le surcaba el rostro. La noche se adivinaba breve. Allí estaba y parecía no estarlo. Una por una quiso lavar sus angustias en las aguas de aquel río, sin cara ya de ser tan novio y novia de otros tantos y tantas, y ahora de otra más. Las sumergía con remo de dolor. Pulsaba a brazo preciso el tiempo de su inmersión y al levantarlo, empujada por la fuerza de los pesares, corría río abajo siguiendo estelas de olvidos en busca de sus recuerdos... Sumergida más allá de los vacíos, pastó follajes de sueños, transmigró en un arco iris de cósmicas ideas y emergió plena de vida, ya nunca más transida... La vi hecha un sol. Era muy de mañana todavía. No estaba más allí el río de las pasiones. "¿Dónde?", se preguntaban todos. También ella oteaba con asombro. A nadie dije nada... pero sé que se trajo el río en la mirada.

## She Brought the River in Her Eyes

*(To poet Liliana Bilbao,*
*with an overflowed Guadalquivil river of appreciation.)*

She remained there, seated on the heavy stones of her past. The light was not light in her eyes. Copious, her lashes were cascades of sparks. Immense nostalgia disguised her features. One guessed the night would be brief. There she was —and seemed not to be there. She meant to wash her sorrows one by one in the waters of that river, faceless now from having been the sweetheart of so many —and now of one more. She submerged them with the oar of sadness. She gauged precisely the time of their immersion and on lifting them, pressured by the force of her grief, she ran downstream following the wake of oblivion in search of her memories... Submerged deeper that the void, she grazed the foliage of dreams, was transformed into a rainbow of cosmic thoughts and emerged full of life —no longer stricken... l saw her become a sun. It was still very early in the day. The river of passions was no longer there. *Where?* They all asked themselves. She also gazed about her with amazement. I said nothing to anyone... but I know that she brought the river in her gaze.

## De la diáspora...


Puede que en los caminos
quedemos rotos
deshabitados en rincones de olvido

puede que nos permee
nos agujeree
la lluvia del absurdo
o que el ojo del Otro
nos vea secos, ciegos, solos...

Os digo:
allende al sur y sus olvidos
allende al norte y su desprecio
existimos
allende al amarillo de las páginas leves,
excluyentes agendas y tuertos noticieros
existimos.
Somos más que voces distantes.

Hoy, como ayer, la palabra es espada,
insignia, fragua de los inviernos,
certidumbre plural,
memoria,
acción, presencia.

Os digo:
no hay dispersión en esta identidad.

## On the Diaspora

It may be that by the wayside
we will lie broken
empty in the corners of forgetfulness

It may be that the rain
of the absurd
will soak us through and through
or that the eye of the Other
will find us dry, blind, alone...

I tell you this:
beyond the south and its oversights
beyond the north and its contempt
we exist
beyond the yellow of pale leaves,
the excluding agendas of one-eyed reporters
we exist. We are more than distant voices.

Today, as it was yesterday, the word is a sword,
an emblem, the forge of our winters,
plural certainty,
memory,
action, presence.

I tell you:
there is no scattering this identity.

## Osamí es bateyera

¡Que me duele el alma! ¡Me duele!

De su ombligo a su pelo; de su suelo a su piel; desde el rostro tañido por zafras sempiternas; desde el guarapo que le surca las venas hasta esos labios mabí que susurran auténticos sentires, cual hirvientes verdades; desde el fulgor de sus ojos allende chimeneas; desde el latir de sus pechos al plantío de sus patios; desde el silencio guardado al bramido sublime de su existencia agreste; desde la vida y siempre: ¡Osamí es bateyera!

¡Que me duele el alma! ¡Me duele!

¡Osamí es bateyera! ¡Osamí es bateyera!

¡Bateyeros los huesos de nuestros hombres idos!

¡Bateyeros los gritos de nuestras madres idas!

¡Bateyeros y bateyeras los ombligos, los pasos,
las muertes y las vidas!

Se llevaron las vidas, en infinitos sacos de sangre granulada. Nos dejaron el hambre, las calles destrozadas, la cachispa en la piel, rigor del abandono. Se llevaron, cual oro, el salobre dulzor de las generaciones. Se llevaron los soles, la melaza, las cañas, las vidas retorcidas; pero abiertas heridas perennes nos quedaron en el nombre infinito de nuestra identidad.

**Osamí is a *Bateyera*!**

I tell you my soul hurts! It hurts!

From her navel to her hair; from the ground she walks to her skin; from her face tanned by eternal harvests; from the cane liquor coursing through her veins to those lips that have the fruity taste of *mabí* and whisper authentic feelings like burning truths… from her eyes whose burning is beyond chimneys; from the beating of her breast to the crops in her garden beds; from the guarded silence to the sublime roar of her country existence; from her life into forever: Osamí is from the sugar-mill, the *batey*: a *bateyera*!

I tell you my soul hurts! It hurts!

Osamí is a *bateyera*! Osamí is a *bateyera*!

The bones of our departed men are *bateyeros*!

The cries of our departed mothers are *bateyeros*!

*Bateyeros* and *bateyeras* are our navels, our steps,
our deaths and our lives!

They took away our lives, in numberless sacks of granulated blood. They left us hunger, shattered streets, the burnt pulp of *cachispa* on our skin, the toughness of abandonment. They took away like gold the salty sweetness of our generations. They took the suns, the syrup, the canes; the twisted lives; but they left perennial open wounds on the infinite name of our identity.

¡Que yo no soy de villa! ¡Que yo soy bateyero! A los vientos mordaces le reclamo mi nombre. A las noches eternas del trapiche encantado; a las tibias madrugadas de la brisa del cayo le revienta mi grito, partido en los plurales pulmones que se inflaman de rabia: ¡No marchiten mi nombre! ¡Qué yo soy bateyero!

Repentina, la sangre de las mutilaciones mudas —rojinegras centrífugas granularon obreros— reclama por el nombre de tantas horas truncas al estruendo infinito de las loco-motoras. Emergente, la sangre se revienta en las tumbas abiertas de mil albas y ocasos, condenados a olvidos por celadas mediáticas. Hay un Muemén sediento de su nombre irredento; truena, campanéase indómito desgarrando el salitre, la zanja y el machete, bravamente blandido por esos brazos puros que parieron bonanzas…

¡Que me duele el alma! ¡Me duele! Aflígeme esta muerte de olvido, curtida en eufemismos. ¿Villa de qué? ¡Ya ni el nombre heredamos a nuestros hijos tiernos! Ya es ajena la estirpe que poblara de vidas un territorio digno del sudor y el azúcar… ¡No gimas Osamí! ¡Osamí, baila el viento en tu nombre! Excelso es. ¡Osamí! Nombre pulcro. Pulido en las entrañas de la tierra que lo canta, tu nombre bateyero nos redime en la estirpe de lo que siempre somos. ¡No gimas Osamí! Osamí, dulce negra. Osamí bateyera. ¡Reniega ese martirio burlador del ancestro! Osamí es la raíz; el ente; la dignidad del verbo que llevamos a cuestas para ser lo que somos hasta el último aliento.

I tell you I am not a townie! I tell you I am a *bateyero*! I re-claim my name from the biting winds. From the eternal nights of the magical sugar mill; into the warm dawns full of the breeze from the key my cry bursts, broken into the plural lungs inflamed with fury: Do not let my name fade away! I tell you I am a *bateyero*!

The sudden blood of mute mutilations, as reddish-black centrifuges ground up workers, calls out in the name of so many hours cut short in the endless thundering of the locomotives; bursting forth, the blood crashes into the open graves of a thousand dawns and dusks condemned to oblivion by trickery. There is a Muemén thirsting for his unredeemed name; he thunders, rings out, indomitable, hauling out the nitre; the trench, and the machete wielded by these pure arms that produced bonanzas of prosperity...

I tell you my soul hurts! It hurts! This death by oblivion tanned by euphemisms. City of what? We no longer be-queath its name to our young children! Now they are unknown, the stock that created the life of a place worthy of sweat and sugar... Do not weep, Osamí! Osamí, the wind dances in your name! It is praiseworthy: Osamí! Beautiful name. Refined in the depths of the earth that sings it, your *bateyero* name redeems us in the stock that has always been ours. Do not moan, Osamí! Osamí, sweet black woman. Osamí *bateyera*. Renounce that martyrdom that mocks our ancestor! Osamí is the root, the live being; the dignity of the word we carry on our backs, to be what we are until our last breath.

# De mi forma de amar

# Of My Manner
# of Loving

## De mi forma de amar

*"En estos días*
*no sale el sol, sino tu rostro*
*y en el silencio sordo del tiempo, gritan tus ojos..."*
               *— Silvio Rodríguez—*

Ahora,
cuando los verbos son ciudadanos
               de todos los tiempos,
cuando las horas pertenecen a cualquier día,
cuando se antoja el rocío
o el crepúsculo asume del color
                         la independencia.
Ahora,
en el inmenso mundo de la gota,
en la líquida caricia de las olas.
Ahora,
en el momento del milagro cotidiano,
en la rutina de las cosas.
Ahora es el momento de darte lo que soy.
Empiezo
devolviendo lo que me fue prestado,
no me preguntes cuándo,
sin duda fue olvidado.
Estoy hecho
de lo que me fue dado
cuando no eran sino música las voces
y no eran sino versos todas las palabras
y no eran sino sonrisas todas las expresiones.
Sin viaje de ida, sin pretensiones.
La vida: un ser y amarse.
Te regalo
el llamado que te haces al nombrarme.

## Of My Manner of Loving

*"These days*
*it is not the sun that rises, but your face*
*and in the deaf silence of time your eyes cry out."*
— *Silvio Rodríguez*—

Now,
when words are citizens of all the ages,
when the hours belong to any day,
when dew is whimsical
or sunset takes on the independence of color,

Now,
in the enormous world of the waterdrop,
in the fluid caress of the waves.
Now,
in the moment of the daily miracle,
in the routine of things.
Now is the moment to give you what I am.
I begin
by returning what was lent me,
don't ask me when,
it was doubtless forgotten.
I am made
of what was given me
when the voices were only music
and all the words were poems
and all the looks were smiles.
Without departures, without pretenses.
Life: being and loving.
I give to you
your invocation to yourself when you name me.

No soy sino lo que tú me das,
lo que tú me concibes.
No es mía esta voz
si no la escuchas como la escuchas.
No tengo palabra alguna,
no son mías las palabras.
¿De quién son, sino tuyas,
las palabras que te besan?
No es mía la voz que ahora escuchas.
No son mías, sino tuyas,
las virtudes del silencio.

Tuya es es la perfección del arco iris,
la simetría del espejo marino reflejando montañas.

Me hago espuma silvestre
en la caída libre de tus aguas,
ansiedad del paisaje, motor de vida,
milagro de burbujas transparentes
me ciega el éxtasis de tus colores
y lo mismo me absorbe la luz azul
                          que la morada.
Pero tu piel y tu pelo estallan,
resquebrajando mi razón,
te beso, me entrego. Me doy.

No puede ser de otra manera.

Por eso no sé darte de mi árbol nada,
                          sino flores,
versos que caen al suelo abonando amores,
frutas ya maduradas por la luz de tus ojos,
mis semillas germinadas, mi savia bruta,
poemas que escribí camino a mis raíces.

I am nothing but what you give me,
what you imagine me.
This voice is not mine
if you do not hear it as you hear it.
I have no words,
these words are not mine.
Whose are they,
if not yours, the words that kiss you?
This is not my voice you hear now.
Not mine, but yours,
the virtues of silence.

Yours the perfection of the rainbow,
the symmetry of oceans mirrors reflecting mountains.

I become wild foam
in the free fall of your waters,
eagerness of landscape, motor of life,
miracle of clear bubbles.
I am blinded by the ecstasy of your colors,
equally taken by the blue light
                    and the violet.
But your skin and your hair burst forth,
amazing my reason.
I kiss you, I lose myself in you. I give myself.

It cannot be otherwise.

Therefore, I can give you nothing from my tree
                              but flowers,
poems that fail to the ground, enriching loves,
fruits ripened by the light of your eyes,
my seeds sprouting, my sap raw,
poems composed moving toward my roots.

La sombra. ¿Preguntas por mi sombra?
La sombra confirma la unicidad que somos:
¡Yo solo tengo sombra cuando me das tu luz!

De modo que no soy ni sé
sino lo que tú eres y sabes.
Porque no soy si no eres
y no hay yo sin nosotros.

Shadow. You ask about my shadow?
This shadow confirms the unity we are:
I cast a shadow only when you give me light!

I am only
I know only
what you are, what you know.
Because I am not, except with you
and there is no I, but We.

## Mi premio

es ser
el diámetro de tu vida.

Tu hazaña fue
lograr que me lo crea.

## Noche

flótame,
gravítame

si quieres
duérmeme

pero
no me toques los sueños.

## My Prize

is being
the diameter of your life.

Your great exploit was
allowing me to believe it.

## Night

float me
gravitate me

if you wish
put me to sleep

but
do not touch my dreams.

## Si vuelvo y no te busco

Si vuelvo y no te busco
no cuestiones mis días
no cuestiones mi andar.
¿Qué es irse o quedarse?
Mis días no lo saben.
Soy conjunción de tiempo.
¿Y mi estela? Nada. Nada.
Por lo mismo:
no indagues si me he ido;
sabes, que, como siempre,
mi viaje es un silencio.

## If I Return and Fail to Seek You

If I return and fail to seek you
do not question my days,
do not question my travels.
What is it to go or to remain?
My days do not know.
I am a juncture of times.
And my trail? Nothing. Nothing.
Therefore
do not ask if I have gone;
you know that, as always,
my travels are a silence.

## De las parras

¿Qué tesoro guarda una sonrisa? Preguntadlo a las parras. Ellas que guardan la virtud de la ternura, te harán uva la mirada. La rama más sutil se enroscará en tu corazón, tibiará tus sentires y no tendrás entonces ningún otro argumento que descubrirte pleno. El resto —fermento que crece en su propia belleza— acaso es poesía, la parra misma que mira enamorada y te besa con labios entreabiertos...

## On the Grapevines

What treasure does a smile guard? Ask the grapevines. They, who guard the virtue of tenderness; they will turn your gazing into grape. The subtlest branch will coil into your heart, warm your sensations, and then you will have no other alternative than to reveal yourself fully. It is what's left, a ferment that grows in its own beauty, perhaps poetry, the very grapevine that gazes, deeply in love, and kisses you with half-open lips...

## Gitana

*(A propósito de "El amor brujo"
de Manuel de Falla)*


¡Negro!
Su pelo.

¡Negro de infierno!

Su pelo negro…

Lleva en la frente navaja,
y es hembra
de hebra a hebra, gitana.

No es su piel sino guitarra
rasgueada para la magia
de su tacón encendido.

Gitana de mil azares
boca de vida y de muerte,
embrujo de tez morena.
¡Vale un infierno tu arena!

## Gypsy Woman

*(A memory of "El amor brujo";*
*by Manuel de Falla)*


Black!
Her hair.

The black of Hell!

Her black hair.

She wears blades on her brow
and is female
to the last fiber, Gypsy woman.

Her skin is nothing but a guitar
strummed by the magic
of her kindled heel.

Gypsy woman of a thousand misfortunes
mouth of fire and death,
witchcraft of tawny skin.
Your quicksand is worth the Hell I'm in!

## Envidio una caricia

Envidio el agua entre tus pies
esa caricia temprana
que mis manos no te dieron
y la frescura que dibujó flores en tu boca;

sonrisa con la que coronaste
la belleza de la Alhambra.

## I Envy a Caress

I envy the water about your feet
that early caress
my hands may not bestow
and the freshness drawing flowers across your lips;

smile with which you would crown
the beauty of the Alhambra.

## A la sombra de tu parra

Con navajas de silencios me desangro en la arena de tu
embriague. Cálido cáliz que absorben tus raíces hacién-
dome esencia de ti misma, cuando en tu sabia asciendo
poblándote los poros... Trillo tu tallo. Me enramo. Grábome
en tu epidermis. ¡Ay parral de mi universo! En ti me leen
las gitanas. En ti se desdobla mi elemento... Guardo entre
mis carnes y mis aguas —nacida de ti— la vid, vida que
entrego a tu vendimia. Haz de mí lo que quieras. Plántame,
y transmigraré de tu suelo a los versos. Licúame en tu boca
¡qué más quisiera yo! Trasiégame, hazme vino y embriágate
de mí, otra vez, allí... a la sombra de tu parra.

## In the Shade of Your Vineyard

With blades of silence I bleed in the sand of your rapture. Warm chalice absorbed by your roots, making me part of your essence when I rise in your sap to populate your pores... I thresh your stem. I branch out. I engrave myself in your epidermis. Oh grapevine of my universe! In you the gypsy women read me. In you my element unfolds... I preserve in my flesh and my waters the vine sprung from you, the life I surrender to your harvest. Make of me what you will. Root me, and I will migrate from your earth into poems. Liquefy me in your mouth —what more could I wish! Reap me, make me into wine and be drunk on me, again, there... in the shade of your vineyard.

## Marinera

Marinera
te me ahiedras
te me escamas
en las horas pescadoras de la espera

me amalgamas
coralina
tibia roca
te me alimas
en el salobre mundo que me arenas
                    ¡Haciéndome tu mar!

## Seafaring Woman

Seafaring woman
you're ivy all over
you slip into scales
in those fisherman's hours spent waiting

you mix and mesh
like coral
warm stone
you pare yourself down
into the salty world you sand for me
                    Making me your sea!

### Era la noche imagen de la noche

*Nosotros, los de entonces, ya no somos los mismos.*
                              *Pablo Neruda*


Era la noche imagen de la noche
y tú la imagen
de la misma mujer que en noches yo soñara;
sólo que no era yo el que esa noche era
ni era tampoco aquél que tú quisieras.

Como leve collar hecho palabras
rodé yo de tu altar hacia la nada
como papel versado que no llena
el vacío de tus pechos, tus esperas.

En este ser sin ser —ola sin playa—
desvivo atormentando tus entrañas
como muerte que muerde mas no acaba
de deshacer las horas absurdas de la nada.

Era la noche imagen de la noche
y yo el anti-yo de tu condena
condenado al naufragio y a la pena
de ser sólo soledades en tus noches.

Era la vida imagen de la vida
y yo intento del intento no fraguado,
dardo doliente, hondura de la herida
que no cierra jamás pese al silencio.

## The Night Was a Pretense of Night

*We, those we were, are no longer the same.*
                    *Pablo Neruda*


The night was a pretense of night
and you the simulacrum
of the woman I dreamed nightly;
but I was not the man I had been that night
nor the one you wished for.

Like a slender necklace reduced to words
I slipped from your altar toward oblivion
like paper scribbled with poems that could not
fill the void in your breast or crown your waiting.

In this being without being —surf without sand—
I live without living, tormenting your heart
like death that gnaws but will not
finally sever the absurd and empty hours.

The night was a pretense of night
and I the not-I sent to punish you
and sentenced to the shipwreck and the pain
of being no more than the solitude of your nights.

Life was a pretense of life
and I the attempt unmade, the unforged
agonizing arrowhead —deep wound
forever unhealed despite its silence.

## Cabalgaría vapores tras tu sombra...

Cabalgaría
vapores tras tu sombra

esencia
vid
sería

halo
hilo
luz
helecho
en la silvestre selva de las interrogantes

círculo
suspendido de raíces

todo sería
si adivinara preciso tus urgencias,
mujer, presencia en la pared de los olvidos...

## I Would Ride Mists in Pursuit...

I would ride mists
in pursuit of your shadow

essence
vine
would I be

halo
thread
light
ivy
in the wild wood of question marks

circle
suspended from roots

I would be everything
if I could only guess your deepest desires,
woman, presence on the wall of oblivion...

## En la quebrada noche...

En esta quebrada noche cruje por ti el ahogo
de todas las nostalgias que, yéndote, dejaras
la acuarela de angustias grabadas a tu antojo
en mi lienzo de amor, amor que tú olvidaras.

¿Cómo calmar esta alma que por ti desvaría
si no posas, ya más, en mi lecho anhelante?
Alucinan mis carnes, desandan noche y día,
trémulamente esperan por tu paso triunfante.

Respóndeme una endecha hilada en frenesí
sobre el telar transido que te aguarda sin celo,
ya sin luz, sin sosiego, solo, desvanecido en ti

melopeas de silencios te esperanzan, y quedo
sentenciado a tus siempres, sin renunciar a ti,
campana que me tañes, hembra de mi desvelo.

## On This Shattered Night

On this shattered night, my need cries out for you,
over the nostalgia that you leave behind,
watercolor of grief that whims have led you to
render on love's canvas —love that will slip your mind.

How grant peace to this soul, growing mad for your sake,
when my bed hungers for you, who are no longer here?
When all of me, longing always, whether asleep or awake,
trembles, hoping to hear your proud steps draw near?

Answer me, give an answer to my passionate elegy
woven on this loom I am that has no other care,
alone, with no peace, no light and waiting endlessly.

Silent melopoeias cheer you, but I must bear
the sentence of your forevers, and never free
to renounce you, bell that rings me, woman, my despair.

## Memorándum

No te quiero poeta. Te quiero de carne y hueso. Cerca. Así, a secas. No te quiero poeta. Te quiero sin palabras. Ellas surcan las sienes de mis sueños para encender mis mares. No las quiero. Quiero en cambio tu carne. Sudarte. Entiéndelo, poeta. Sonetos surcan la piel de las esperas. Versos me velan. Coplas por copa de tu vino diera en esta hora ciega. De tus estrofas mi vida brota, mordida al ritmo de tu cintura y un vendaval preñado de mis urgencias arremete tu rima insalvable, a no ser por las concavidades que sólo se repiten entretejiendo piernas.

Anda, pirata de palabras... metaforiza, diseccióname, desentierra tesoros deliberadamente geografiados en lenguas de fuego desde mis ojos, cada vez que te desnudo, sin que tú lo presientas... Retruécate en mi cuello, repítete, que no hay academia ni academistas oteando el elixir de tu ortografía cavernaria. En cambio, papiro, piedra, arena de mil senderos soy para la eternidad del poema que has de escribir en mí. No mañana. No más tarde. Ahora mismo y aquí. ¡En medio del camino!

## Memorandum

I don't want you *poet*. I want you flesh and bone. Nearby. That's it, straight out. I don't want you *poet*. I want you without words. They harrow the temples of my dreams to ignite my seas. I don't want them. What I do want is your flesh. To sweat you. Understand it, poet. Sonnets plow the skin of waiting. Verses watch me. I would give up stanza after stanza of your wine at this blind hor. My life is bursting with your strophes, bitten to the rhythm of your waist, and a storm pregnant with my urgencies would strike out against your insuperable rhyme, were it not for the concavities repeated only by the intertwining of legs.

Go on, word-pirate... metaphorize, dissect me, disinter treasures deliberately geographized with tongues of fire from my eyes, each time I undress you without your knowledge... pun yourself on my throat, repeat yourself, since there's no academy or academists sniffing at the elixir of your caveman handwriting. On the other hand, I am papyrus, stone, sand from a thousand roads, for the eternal life of the poem that you are to write on me. Not tomorrow. Not later. Right now, right here. In the middle of the road!

## Amor de noche y mar

Amor de noche y mar
fuego, barro, humedad:
tórrido embriague,
música tangible,
mágica oscuridad
donde me pierdo.

¡Estoy despierto!
Celebro.
Canto.
Gozo
desenterrar tu fantasma,
hacerlo piel,
huesos, besos…
ahí, aquí,
inmediato,
arriba, abajo,
al lado, debajo,
rodando
te despeino a mi antojo
y te soy
y me eres
y nos somos.

Amor de noche y mar:
fatiga, fuerza, pujanza.
Con la dulce insistencia,
con el deseo a cuestas,
interminable sed,
inacabable noche,
insuperable mar

## Love of Night and Sea

Love of night and sea
fire, clay, moisture:
torrid inebriation,
tangible music,
magical darkness
where I lose myself.

I am awake!
I celebrate.
I sing.
I delight in
resurrecting your phantasm,
giving it skin,
bones, kisses,
there, here,
right here,
above, below,
beside, underneath,
turning about
I undo your hair as I wish
I am you
and you are I
and we are each other.

Love of night and sea:
fatigue, force, and strength.
With that sweet insistence,
with that desire at my back,
endless thirst,
night without end,
boundless sea.

Amor de noche y mar.
¡Heme aquí descubierto!
Pulverizado en tus molinos
me canto:
el abismo,
la espiral
que rompe toda dimensión
amor de noche y mar,
destello de tus carnes sin curar
y entre tus labios y tu piel,
cuando salvaje y brutalmente
nos amamos
más allá
de la inmensidad de la noche
más allá
de los misterios del mar
más allá
de las pasiones desbocadas.
Solos
haciendo amor de noche y mar.
Solos.
Sin final.

Love of night and sea.
Here have you found me!
Pulverized in your mills
I sing myself:
the abyss,
the spiral
that severs all dimensions,
love of night and sea,
sparkle of your flesh without care
and between your lips and your skin,
when savagely and brutally
we loved
beyond
the immensity of the night
beyond
the mysteries of the sea
beyond
passions unbounded.
Alone
making love of night and sea.
Alone.
Without end.

## Privilegio

Es
la hora
de tu silencio,
de tu paz.
Hierve
sin embargo,
algo...
Hay fuego.
Hay algo
acuoso
y una polvareda.
Se agita.
Sube.
Huele,
huele
a lo que es...
Te estiras
entre las sábanas
y aquí estoy:
*"Buenos días, amor,*
*he aquí tu café".*

## Privilege

It is the hour
of your silence,
of your peace.
Nevertheless,
something is boiling.
There is fire.
There is something
watery, dusty,
swirling,
rising.
It smells,
smells
of what it is…
You stir
between
the sheets
and here I am"
*"Good morning, love,*
*here is your coffee."*

## En el horno de tus senos

En el horno de tus senos
se funde el peto
que cubre mi corazón
que, ya desierto,
es presa de tu anhelo.
En tus pechos erectos,
cargados de amor y de deseo,
se funde la cordura de mis horas.

## In the hearth of your breasts

In the hearth of your breasts
melts the armor of my heart
melts, unveiled:
my heart is a prey of your desire.
In your erected breasts,
full of love and desire,
the sanity of my hours melts.

### Eres más que dos senos, compañera

*A mi amada esposa Alma*
*y a todas las mujeres valientes que se aferran a la vida.*

Eres más que dos senos, compañera.
Eres más que tú misma en tamaños y formas,
maniquíes o portadas al grito de la moda;
eres más que ese cuerpo que espejan las miradas.

El aguijón zodíaco —silente segador—
que discretamente esgrime la hoz de muerte;
subestimó tu estirpe
no atinó al ente de lo que te define
más allá de las tallas y medidas:
Eres la milagrosa vida, la luminaria entrega
nutriente de la casa, la perenne pisada
de duende que se adueña
de todo lo posible construido en vivencias.

Eres mujer, amante, madre,
el estambre preciso pariendo primaveras

No pudo la malicia cancerina
privarte de tu esencia, compañera;
esa que eras, eres,
multiplicada, entera.

Eres el estandarte
donde el río del mal quedóse sin aliento;
muralla de los días porfiados a la muerte;

## You Are More Than Two Breasts, My Companion

*For my beloved wife Alma,*
*and all those valiant women who cling to life.*

You are more than two breasts, my companion.
You are more than your self reduced to sizes and shapes,
store-window dummies or magazine covers touting
the latest styles;
you are more than that body reflected in others' eyes.

The sting of the zodiac —silent reaper—
sign of that disease that discreetly wields death's sickle
underestimated your caliber,
failed to understand the essence that defines you
beyond all stature and measurement:
You are the miracle of life, the luminous devotion
that nourishes the house, the ceaseless footstep
of the spirit in possession of
everything that serves to build a home.

You are woman, lover, mother,
the very fiber of life that produces every spring.

The evil of cancer could not
rob you of your essence, my comrade;
she that you were, you are,
multiplied, entire.

You are the banner that halted
the river of evil and left it lifeless;
the rampart of days denied to death;

vencedora mujer, te edificaste plena,
con más vida, decidida
sepultaste las penas
y desde entonces, íntegra vid danzante,
eres mujer de cara al sol,
émulo y horizonte de tantas caminantes,
testimonio viviente sustentada por fe,
simplemente alabando,
diariamente alabando,
aferrada al Camino, La Verdad y La Vida
que emana dulcemente del borde de Su manto.

victorious woman, you rose up
full of greater life, determined;
you buried your griefs
and since then, wholesome dancing grapevine,
you are a woman whose face is to the sun,
contender and pace-setter among the many who walk with
you,
living witness sustained by faith,
simply giving praise,
day by day giving praise,
undeterred from the Way, the Truth, and the Life
that sweetly flows
from the hem of His robe.

# De la casa

# Of home

## Se me rompió la vida, Viejo

y tú tan lejos.
Se me rompieron todas las estaciones
y, sin tiempo
ni brújula,
deambula
mi corazón, ¡oh Viejo!
y tú tan lejos.

Se me rompieron, Viejo,
mis estaciones…
y tú tan lejos
para no preguntarte de tantas cosas una:
¿cuánto pesa en el tiempo
    un hombre sin pasado?

Se me rompió la primavera,
se descuajó jugando al escondite;
se me hizo bizarra,
se me empañó el cristal para mirarla.

Se me rompió la vida,
Viejo,
y tú tan lejos.
Se me apagó el verano,
se me hizo imposible.
No pudo ebullecer ni dilatarse.
Se me quebró el verano...
¡y tú tan lejos!

Se me rompió el otoño.
Las tardes también se me han quebrado,

## My Life Has Broken, Old Man

and you so far away.
All my seasons have broken,
and without time
or compass,
my heart wanders,
Oh, Old Man!
and you so far away.

Broken,
Old Man,
my seasons...
and you so far away
that I cannot ask you, out of so much, this only:
How much does a man weigh in time if he has no past?

Spring has broken,
disintegrated, gone into hiding,
gone strange on me,
gone misty in glass when I look for her.

My life has broken,
Old Man,
and you so far away.
Summer is extinguished,
become impossible.
It could not ferment
or propagate. Summer has broken off,
and you so far away!

Autumn has broken.
My afternoons have also cracked,

y los parques y las caminatas, todo.
Se me destroza el sol dentro del pecho
y la que fuera claridad de crepúsculo,
la amarilla sonrisa de mis días,
hoy no lo es más.
Se desgarró.
Se deshizo en mis sentidos.
Se me secó en la rama del recuerdo.
Se me desdibujó, se me hizo añicos
            el lienzo del pasado.

Se me rompieron todas las estaciones.
Se me quebró la vida,
Viejo,
y tú tan lejos.

¿Qué hacer con el invierno entre mis venas?
Estoy petrificado. No soy. Niego esta estatua.
¿Dónde?
¿Dónde te me quedaste tan lejos?
Ahora que se me rompen todas las estaciones,
por qué no vienes y me dices
que esto es sólo un ahora...?

Tal vez así,
sobre mi corazón renazca
la irracional maleza, el iracundo bosque,
la ilógica fauna de mi selva salvaje.

Pero
te me quedaste tan lejos,
tan lejos, Viejo.
¿Cómo decirlo?

and the parks and the walks, all.
The sun is destroyed in my breast,
and the would —be glow of twilight,
the yellow smile of my days
are no more now.
All torn away.
Undone in my senses.
Dried on the branch of memory.
Blanked out, crumbled,
the canvas of the past.

All the seasons, broken.
My life is split,
Old Man,
and you so far away.

What to do with winter in my veins?
I am turned to stone. I don't exist. I deny this statue.
Where?
Where have you stayed so far behind?
Now that all my seasons are crashing,
why do you not come to tell me
that this Is only for now?

Perhaps then
my heart could regrow the crazy underbrush,
the angry forest, the illogical fauna of my jungle.

But
you've stayed so far behind,
so far, Old Man.
How shall I say it?

Viejo,
tú que conoces mis ases ocultos,
tú que descifras mis aguas
y mis laberintos,
¿cómo no lo percibes?
Ven,
trae toda tu sabiduría
y descíframe este trance:
justo en la vía
se me rompió la vida,
se me rompieron todas las estaciones.
Se me rompió la vida, Viejo,
¡y tú tan lejos!

Old man,
you who know my hidden aces
you who decipher my waters
and my labyrinths
how can you not see it?
Come,
bring all your wisdom
and decipher this crux for me:
In a mid-passage
my life has broken,
all my seasons broken.
My life is broken, Old Man…
and you so far away!

## De mi nostalgia

Llevo la casa
indeleble
quebrada en mi costado

tan grande
tan grande
¡Oh, madre!

la casa de mi infancia
tan llena de cosas
en la memoria mía

¡y tan vacía!

## My nostalgia

I carry the house
indelible
cleft in my side

so wide
so wide
Oh Mother!

home of my childhood
so full of things
in my memory

and so bare!

## Usted sabe, Maestra

que le debo más que versos
y que,
definitivamente,
es imposible cancelar factura
porque el sol
de los días de mi vida
tiene su rostro
su calor
y su fe.

Esta deuda a su ancestral amor
—ascendente función exponencial—
deriva en infinita maravilla,
germina en su vientre, nace,
se multiplica día a día...

¿Con qué algoritmo nombrarte, Madre?
Después de su nombre,
cualquier frase
es un adorno innecesario...
excepto
que la amo.

## You Know, Teacher

That I owe you more than poems
and that
surely
it is beyond me to even this account,
because the sunlight
of my life's days
wears your face,
your warmth and your faith.

This debt to your ancestral love —
growing exponentially —
unfolds from infinite wonder,
rises in your womb, blooms,
increases day by day...

With what formula shall I name you, Mother?
After your name,
every word
becomes superfluous decoration...
except
that I love you.

**¡Qué frío, Madre, qué frío!**

Madre.

¡De acero
la frente fría!

Vive en mis huesos la muerte.

Madre, ¡qué frío!

Clava tu muerte mi vida.

Madre, ¡qué frío!

¡Hecho pedazos en agonía!

¿Dónde está el decidor?
¡Que diga la pena mía!

Madre, ¡qué frío!

Me dijo la muerte artera
¡que son tus ojos un río!

¡Que sienten pena los muertos!
¡Que lloran y aman, es cierto!
¡Que duelen traición y angustia!
¡Que sienten frío!

¡Qué frío! Madre, ¡qué frío!

**So Cold, Mother, So Cold!**

Mother.

Steel,
your cold brow!

Death alive in my bones.

Mother, so cold!

Your death, a nail in my life.

Mother, so cold!

Torn to pieces by pain!

Where is the gifted wordsman?
Let him word my sorrow!

Mother, so cold!

Death, the cunning one,
told me that your eyes are a river!

That the dead feel sorrow!
That it's true they weep and love!
That they mourn betrayals and anguish!
That they feel cold!

So cold! Mother, so cold!

## No tiembles, corazón...

*Para mis hijos, ante el flechazo de Cupido*

No tiembles, corazón, frente al espejo,
deja el miedo mortal que te consume.
No reniegues del amor, lucha parejo
dolor es el sendero de aquél que de sí huye.

La honda angustia que por piel llevas
te viste de temor, te ciega en pleno,
mas es tanta la sed de darte por entero
que a tu mismo sentir, sentir le niegas.

¡Ay triste corazón, tan temeroso,
que del martirio pendes sin reposo!
Mas niegas el amor que se avecina
a la tenue pared de tu alma herida.

No niegues, corazón, vida a la vida,
del delirio a la sombra anda tu pecho
sostente en la batalla y vete al lecho
al margen de la pena y de la herida.

Al alba de las albas has de nacerte
con un sol de coraje en pecho abierto,
que el mismo temor a ti ha de temerte.

Sé firme, sé timón, en mar tan cierto,
que aquella oscuridad, dolor sentido,
sucumba, para siempre, en el olvido.

## Heart, Do Not Tremble

*For my sons and daughter before Cupido's arrow*

Heart, do not tremble as you stand before
the mirror; cast the mortal fear aside
that plagues you; cling to love; even the score;
pain awaits him who from himself would hide.

The profound anguish that you wear like skin
clothes you in fear and makes you wholly blind;
though you would give yourself entire, you find
you must deny what that self feels within.

Oh, what a saddened heart! So full of fear
that your torment has you in its control,
and yet you deny love when it comes near
the fragile barriers of your wounded soul.

Do not deny, poor heart, life to your life;
your breast wanders from delirium to dread;
be strong in battle; find your restful bed
far from the place of sorrow and of strife.

On that morning of mornings, you, adorned
with the sun's emblem of courage on your breast,
will cause fear to fear you, the self-reborn.

Be resolute, the helmsman, self-possessed
on waters so secure that you will scorn
forgotten darkness, sorrow laid to rest.

## Tonky

*No hay un adiós a mi perro que se ha muerto.*
*Y no hay ni hubo mentira entre nosotros.*
*                                    -Pablo Neruda-*

Tonky duerme... Acaso sueña con sus baños de lodo en las pequeñas charcas de Clinton, justo después de regresar de la peluquería, donde, a mimos y condescendencias, hurtábase los corazones. Acaso se goza con los desayunos dejados a su alcance y/o aquéllos deliciosos manjares al horno que solíamos descuidar, los cuales se zampaba en un pestañear. Acaso en su infinito sueño, se regocija en las travesuras de los exquisitos calcetines cercenados a mordiscos; los muebles mutilados; las interminables escapadas; los inevitables hoyos justo al centro del jardín... Duerme sonriente al recordar cómo maroteaba los tulipanes primaverales ante el enfado de Má; pero, ¡qué va! Ya se las arreglaba derritiéndonos con sus ojos de "yo no fui"... Tonky duerme y celebramos su fidelidad ante la cama del enfermo, olfato solidario que ya duerme. Duerme y celebramos su ingenua presencia; su celo constante ante el abrazo a Má (no importa quién lo diera). Duerme, y celebramos la amigable bienvenida al visitante. Prendidos de su plural ternura lleva a niños y adultos en su negra melena. Tonky duerme y nos queda la sempiterna presencia; la singular terneza prodigada, la imborrable certidumbre de su lealtad —inigualable condición de confidente—, el terciopelo terapéutico de su virtuosa compañía; la estatura cabal del compañero. Alero, remo; regio conocedor de todos nuestros silencios; eterna estampa de la insigne dignidad que no alcanzó el poeta...

## Tonky

*There is no farewell for my dog who has died.*
*And there is not — or ever was — a lie between us.*
                              *-Pablo Neruda-*

Tonky is sleeping... Maybe he's dreaming of the mudbaths he used to take in the small ponds of Clinton, right after coming home from the hairdresser, where, coddled and spoiled, he stole the hearts of all. Maybe he's enjoying those breakfasts left within his reach, and/or the delicious treats from the oven that we carelessly left standing around, which he used to wolf down in the blink of an eye. Maybe, in his infinite sleep, he is enjoying the mischief he got into with those fine socks he bit to rags full of holes; or the mutilated furniture; or his interminable escapes; or the inevitable holes dug precisely in the middle of the garden... He smiles in his sleep, remembering how he gleaned the spring's first tulips, arousing Ma's fury; but —what can I say! — he got away with it, melting us all with those "I didn't do it" eyes... Tonky is sleeping, and we celebrate his loyalty at his sickbed, and that unfailing sense of smell that now sleeps. He is asleep, and we celebrate his ingenuous presence; his constant jealousy toward anyone who embraced Ma, no matter who. He sleeps, and we celebrate his friendly welcome to any visitor. In his black mane he carries children and adults. He sleeps, and leaves with us his eternal presence; the remarkable tenderness he offered to all; the ineradicable certainly of his loyalty, his unequaled value as a confidante; the therapeutic velvet of his virtuous company; his absolute capacity for companionship —as fender, as oar, as splendid interpreter of all our silences; eternal image of that illustrious dignity never achieved by the poet...

## Vacío interior

No me importa si luce o no.
No me importa
que aún
en mi tercera o cuarta edad
necesite posarme
en las piernas de mi Padre.
¿A quién diablos le importa?
Hace falta una Madre,
me hace falta mi Madre.
Ahora… ahora mismo
y sin más.

## Inner Void

I don't care if it's flattering or not.
I don't care
if even
in my third or fourth stage in life
I need to sit
on my father's lap.
Whose damned business is it?
One needs a mother,
I need my mother.
Now… right now
and nothing more.

**Mi héroe…**


se tambalea
ante la luz de las edades

no sucumbió a las heridas de la vida
ni al asombro de las vanidades
ni a los recios caminos
con sus avatares

ni al molino
ni a la zafra sin fin

pero su otoño-invierno
le roba media cama

sus sin soles pendientes
son sólo soledades.

## My Hero

he staggers
before the light of the ages

he did not succumb to the wounds of life
nor the astonishment of the vanities
nor the hard roads
with their transformations

nor to the mill
nor the harvest without end

but his autumn-winter
steals from him half his bed

the sunless days before him
are solely solitudes.

## Madres plurales

*A Stacey DeBoise-Luster y Saraíh Zavala*
*por la ternura que me han prodigado.*


Besé las frentes frías de las madres tristes,
sequé en mi corazón sus lágrimas silentes,
arropé en mi pecho el dolor que esas muertes
clavaron en mi alma como dagas ardientes.

Lloré con sendas madres por sus dos nobles frutos,
se hizo plural mi abrazo, alivié el regazo
de sus retoños idos, hice mío aquel luto
que tiznó aquél crepúsculo cual repentino ocaso

y hoy, huérfano yo, sediento de un amparo
en la angustia sin par, reo de calumnia vil,
Dios me colma de amor, ¡todo es tan claro!

que en los brazos plurales de la ternura añil
me traen ellas materno amor tan anhelado
que en mi memoria danza cual recuerdo febril.

## Multiple Mothers

*for Stacey DeBoise and Saraíh Zavala,*
*for the tenderness they have shown me.*

I kissed their cold brows then, those mourning mothers,
dried in my heart the silent tears they shed,
in my own breast cradled the grief of others:
Sorrow's cruel daggers burned me for their dead.

Beside those mothers, I wept with them, for they
all needed my embraces, and I saw
how the loss of their life's harvest took away
the light of day with the thrust of a harsh claw.

Today, new to my orphanhood, I long
for comfort from the sorrow that now chains me:
calumny, and vile, undeserved wrong.

Now God crowns me with love — all is so clear!
In their arms, whose blue tenderness sustains me,
those multiple mothers my memory holds dear.

## Canción por el hijo

¡Enhorabuena!
Canto de la esperanza por la vida
sembrada con la fuerza del eco más rotundo.
Canto en un grito
que anuncia la partitura del camino a recorrer,
y que es el tuyo, limpio, sin moldes ni señales.

Ven a la vida en medio de egoísmos y entiérrales.

Nada importa más que tú
y frente a tu paso valeroso
ninguna historia escrita sirva de parangón.

Ningún amor pudo ser más fuerte
que éste encontrado en el vientre
de la ternura-madre-abrigo-consuelo.

Ven hijo de la tierra y de la vida.
Ven a imponer tu amor y tu vuelo,
tu mar y tu viento. Todo tu universo
en diminuto cuerpo, más allá de penas,
más allá de volubles indecisiones
y aún más allá de sacrificadas voluntades.

Eres bienvenido
en nombre del amor,
en nombre de la vida,
de todos los caminos por hacer,
y —por supuesto— en nombre
del más elemental de tus derechos.

## Song for a Son

Congratulations!
I sing of hope for life
seeded with the strength of the most powerful echo.
I sing with the shout
that announces the starting point of the road to be run,
and which is yours, clean, without markers or signposts.

Come to life amid selfishnesses and bury them.

Nothing matters more than you
and before your valiant passage
no written history serves as a parallel.

No love could be stronger
than this one found in the womb
of tenderness-mother-shelter-comfort.

Come, son of the earth and of life.
Come to impose your love and your flight,
your sea and your wind. Your entire universe
in a diminutive body, beyond sorrows,
beyond voluble indecisions
and even farther beyond sacrificed wills.

You are welcome
in the name of love,
in the name of life,
of all the roads to be traced,
and —of course— in the name
of the most elemental of your rights.

Andarás por nosotros y por otros
y tus pasos también serán la vida.

Ya sembrarás camino a la montaña.

Pese a toda la lluvia de la noche
sea tu calor de vida intransigente.
Más allá de eternos justicieros,
        salmos y credos,
¡firmes tu voluntad y tus principios!
        Más alta sea tu decisión que trono alguno
¡Y tu consciencia catapulta imbatible que lo trice!
        Niega. Niega. Niega.
Niega pequeño cuerpo indefinido
el soez intento de vida continuada.
Sea la tuya agua, fresca rivera
que bese las colinas y parta riachuelos
abundando cosechas y amores campesinos.

Hazte llamar por el amor de tus acciones
    (aún si te tocare las balas disparar)
dignas sean de la tierra y de los hombres
en el día más incierto o en la noche sin luna.
Sólo el decoro de tus pasos sepulte toda duda
de llamarte compañero,
mano firme
...y si me lo permites:
¡hijo!

You will walk for us and for others
and your steps too will be life.

You will go on to seed a road to the mountain.

Despite all the rain night may bring
may your warmth be that of life unyielding.
Beyond eternal givers of justice,
          psalms and creeds,
may your will and your principles be firm!
          May your decision be higher than any throne,
and your conscience an irresistible catapult capable
                              of destroying it!
          Refuse. Refuse. Refuse.
Refuse, tiny, unformed body,
the crude intent of life bent on perpetuation.
May yours be water, a fresh stream
kissing the hillsides and forming rivulets
to increase the harvest and country loves.

Let yourself be named after the love inherent in your
actions
          (even if it be your lot to fire the bullets);
may they be worthy of the earth and of men
on the least certain day or the moonless night.
May the decorum of your steps alone bury all hesitation
to call you companion,
firm friend
...and if you permit me,
son!

## A la hija preconcebida

*A Fello y Miguelina, en cierta tarde, en el Bronx, NY*

Tendrías que haber nacido tú, precisamente tú. Concebida en la mente de tu padre, en el reposo que antecede a la siesta de un domingo eterno. Eres quietud madura, sortilegio de la paz interior, fantasía en los labios de un hombre que conjuga la historia de tu nombre en la majestad del amor que te profesa, aún antes de tu rostro —acaso pincelado en la esperanza.

De tu nombre a la sorpresa hay un hito en la historia. Menuda. Canela. Canción de la espiga. Anhelo coronado...

¿Cuánto mide la alegría que trajiste? ¡No alcanza en el pecho de la tierra!

Tendrían que trenzarse las olas todas por alcanzar tu guiño y aún así —empinadas a la suerte del tiempo— quedaría corta la intención de describir la exacta simetría de amor que se adivina en el espejo de tus ojos.

Sobre la sobria pared de la certeza, te hiciste hiedra en la hiedra, gema, en la diadema que coronara el tesonero amor que tu madre fraguara en las esperas. Cosecha de estaciones preñadas de firmeza; eres, pequeña, la digna verdad de la maternidad que te supo cierta desde siempre, desde la ilusión que madrugara los sueños, al edredón de amor, telar y río de tu gracia, bendecida en cordilleras de futuros, Anastasia.

## For the Preconceived Daughter

*For Fello and Miguelina,*
*on a certain afternoon in the Bronx, NY*

You were destined to be born. Precisely you. Conceived during the restful time that precedes the *siesta* of an eternal Sunday. Mature serenity. The spell of inner peace. Fantasy on the lips of a man who conjugates the history of your name in the majesty of the love he professes toward you even before your face, perhaps sketched in hope.

Between your name and the surprise there is a milestone in the story. Minute. Cinnamon complexion. The song of the grain. Longing crowned...

How to measure the joy you brought with you? There is not room enough on the breast of the earth!

The ocean's waves would have to knit themselves together to reach your winking, and even then, on tiptoe for fortune and time, they would be hard pressed to describe the shape of the love that may be guessed at in the mirror of your eyes.

On the sober wall of certitude, you became ivy within ivy, a jewel in the diadem that crowns the enduring love your mother crafted while waiting... A harvest of seasons bursting with strength. You are, little one, the worthy truth of motherhood that knew the certainty of you since for-ever... from the illusion that dawned in dreams to the eiderdown of love, loom and river of your grace, blessed for futures as plentiful as mountain ranges, Anastasia.

## Amelia, luz...

*A mi bienamada nieta.*

Hallo en tu rostro la luz
esmeril del ente mío.
Sociego, gozo eres tú,
agua de diáfano río.

Caudal de dulce remanso
donde la paz que yo alcanzo
mansedumbre es de mi Dios
quien en Su Gracia eligió

una princesa virtuosa
para inspirar mi camino
hacia la vida amorosa
del grandioso Plan Divino.

Hallo en tu rostro la luz...

## Amelia, my light

*To my beloved granddaughter*

I found a light in your face
that seeks out the best in me.
You are the joy and the tranquil grace,
a stream flowing clear and free.

Generous source of sweet rest,
peace in which I am content,
gift of God by whom I'm blessed
with a princess He has sent

full of virtue —namely you—
to show me that the path that's mine
to that life, loving and true
planned for me by the Divine.

I found a light in your face…

## Dolor de hermano

*Por Toñito, Jalisco y todos…*

La ausencia sabe a penas de lápidas caladas
por dagas sinuosas sobre mustias mejillas

herida galopante que muerde las estelas
difusas de las nadas disueltas en las idas;
herida sempiterna de todas las partidas,
los adioses mordidos al gemir de las velas

la ausencia sabe a penas de lápidas caladas
que galopan ardientes sobre fechas difusas

vacío de endebles huesos lapidados al sol
perenne del martirio de los decesos diarios
donde el aliento-olvido, lirio seco de amor,
se cuela entre desiertos, féretros y calvarios

la ausencia sabe a penas de lápidas caladas
a culpas retorcidas, a vidas no vividas
que se llevan silentes entre venas hermanas
cual raíces y ramas nunca más desprendidas.

-2-

A veces… como hoy,

la vida sabe a ausencias, a dentelladas frías
cuando el dolor sin nombre, aun ya presentido,
se aventana en las albas poblando los latidos
y nos surca el recuerdo de los "aquellos días…"
donde a soles pujantes y a realidades ciertas
cincelamos las puertas que nos son hoy memoria…

108

## Brother's Pain

*For Toñito, Jalisco y todos…*

Absence tastes like the sorrow of tombstones carved
by twisting daggers on withered cheeks

galloping wound biting the stelae
diffused on the nothingness dissolved in departures;
eternal wound of all departures,
the goodbyes bitten in the moaning of sails

absence tastes like sorrow of carved tombstones
that gallop on fire over diffused dates

emptiness of frail bones carved in the perennial sun
of the martyrdom of daily deaths
where breath-oblivion, dry lily of love,
seeps into deserts, coffins and calvaries

absence tastes like the sorrow of tombstones carved
to twisted guilt, to lives unlived
that are carried, silent, in the fraternal veins
like roots and branches never again to be separated.

-2-

Sometimes… like today,

life tastes of absences, like cold bites
when nameless pain, although presaged,
appears in the dawns, populating the pulse
marking us with the memory of "those days…"
when with thrusting suns and undeniable realities
we chiseled the doors that today are our memory…

-3-

La ausencia es esta herida que galopa mordiente
con saeta empuñada sobre el suelo teñido
que lapida mi vida.

-3-

Absence is this wound that gallops, mordant,
with an arrow gripped by the stained earth
that turns my life into a tomb.

# De la Patria dulce y amarga

# Of My Sweet and Bitter Homeland

## Se va la chimenea...

*A los obreros y obreras de mi Batey*
*sepultados por zafras generacionales.*

Se va la chimenea
se va... Subrepticiamente; movedizamente
se va amordazada; raptada entre las redes
del neoliberalismo mordaz. Se va...
como si la memoria que nos puebla las arterias
fuera desenterrada y abjurara del ente de su suelo
como si riel ardiente de los siglos henchidos
jamás nos perpetuara la existencia
y las vidas de las vidas
—nuestras vidas hechas humo—
sólo humo fuera
vaho silente de las férreas gargantas,
evaporados afanes entre la hiel de olvidos
y el salobre guarapo de nuestros años idos.

Tal como aquellos anhelos
centrifugados en desiertos del eros,
polvorientos, surcados
por las cuencas del hambre,
explotados,
vencidos
en los abismos del prejuicio,
granulados en el olvido
quedaron nuestros ombligos
desterrados
cual las generaciones cercenadas por el tiempo
y la indolencia...

## The Chimney is Leaving...

*To the workers of my Batey*
*buried by generations of sugar harvests.*

The chimney is leaving
is leaving... surreptitiously, unsteadily
It is leaving gagged; kidnapped in the traps
of a mordant neoliberalism. It is leaving...
as if the memory that inhabits our veins
were detached and abjured the facts of its ground;
as if the burning rail of swollen centuries
had never perpetuated the existence
and the life of our lives
—our lives turned into smoke—
were only smoke
a silent whiff of fierce throats,
efforts spent among the bitterness of oblivion
and the salty *guarapo* of our lost years.

As those all desires
gathered in the desserts of Eros
dusty, scored by hunger's hollows
exploited
defeated in the abysses of prejudice
crushed in oblivion
our navels left behind
vanished
like generations severed by time and indolence...

¿Dónde las manos y brazos mutilados,
dónde la sangre chamuscada en plantíos,
dónde los ríos de hambre
los cuerpos desvencijados
los huesos quebrantados
en el sin fin de afanes sin registro ni gloria?

¿Dónde la identidad?

Un azar de ignominia
suplanta la simiente del ancestro.

Sepulturas abiertas sin lápidas ni nombres
féretros reducidos cual bagazos al viento
desregistran la historia de obreros indomables.

Entretanto, el presente —indolente bachata—,
se resaca en la sal del destierro en su tierra.

He aquí
sin embargo, rugientes las calderas
inmutables testigos de los pechos alertas
cincelando -sin tregua—,
interminables horas de entrada y de salida
cual puntadas precisas de todas las mortajas;
el caminar sin fin de los obreros padres
el trajinar sin fin de las mugientes madres
la navaja indolente de tristes meridianos
con sus exiguas mesas repartiendo rutinas…

Se va la chimenea, se va…
Sucédese el asombro. La terquedad inquieta
hiédrase a sus principios. Se rebela
el despertar abrupto de la niñez que niega

Where are all those mutilated hands and arms?
Where the blood scorched in sugar fields
Where the rivers of hunger
the beaten bodies,
the bones crushed
in those incessant duties, unacknowledged, without glory?

Where the identity?

An ignominious fate
subverts our ancestry.

Unnamed open graves without markers or names,
coffins —reduced as bagasse on the wind—
negate the history of indomitable laborers.

Meanwhile, the present —indolent spree—
spends its hangover in the salt of exile, in its own land.

Here,
whoever, the roaring boilers
immutable witnesses of conscious hearts
chiseling —without breaks—
eternal entry and exit hours
like the precise stitches of shrouds;
the endless steps of those laborer fathers
the endless hustle and bustle of all grieving mothers
the heartless edge of heartbroken noon meals
at their meager tables serving routine meals...

The chimney is leaving... It is leaving...
Astonishment replaces it.
Restless stubbornness embraces old principles.
The sudden awakening reveals the childhood that refuses

sepultarse en presente
y agazapada vuelve
a correr —bateyera—
tras el olor eterno del hollín nunca ido
tras el negro cachispa que se le dio por sino
tras la ilusión-raíz de la vida nunca ida

pues vuelve
cada vez que el amor le ilumina
los cielos del recuerdo...

to bury itself in the present
and stealthily comes back
to run —*bateyera*—
after the eternal scent of the ever-present soot
after the black *cachispa* that was given by being
after the illusion-root of life
never wholly gone

because it returns
whenever love illuminates
the heavens of memory.

## Las cumbres genocidas

A la mesa llamaron los dueños de la tierra y se pobló de hambre el universo. El festín de arrogancias celebra la utopía con campanas que ladran discursos repetidos. Condenando a los pobres, el circo se traslada de pantalla en pantalla y en el umbral del odio danzan los comensales. Hipotecan el cielo, empeñan democracias, se santiguan y brindan con el sangriento vino añejado en agendas del Fondo Monetario. La otra alternativa, coordenada mortal en latitud coercitiva, siembra desesperanzas en mesas incontables. En el Club de París se juntan los tahúres del terror. Proyecciones de muertes, confirman las bonanzas de inversionistas calvos y de insensible olfato. Dividendos, divisas, plusvalías; avaricias sin fin —servidas como postre, dulcifican las arcas de aquéllos insaciables dueños del universo. Encadenado el mundo con medidas globales los amos imperiales amasan sus metales y licúan sus ganancias en crudos secuestrados.

En tanto los altares avalan las "estables bondades" de las desigualdades, se enraíza un tercer mundo en perenne agonía... A la mesa excluyente llamaron los dueños de la tierra y llegaron las élites con su red de farsantes: cardenales, obispos, arzobispos y demás sotanantes, compitiendo el poder con pastores lacayos; y todos —de acuerdo a sus tratados—, bendicen el comercio de libres esclavistas. En páginas sociales de los diarios silentes centellean las estrellas con digno pie de foto: célebres mandatarios, sonrientes testaferros, posan como gendarmes en cumbres genocidas.

## Genocide's Summit Meetings

To the table! Called The Lords of the Earth, and hunger inhabited the universe. The feast of arrogance celebrates utopia with bells that bark repeated speeches. Condemning the poor, the circus moves from one screen to another, and in the threshold of hate, the diners dance. They mortgage the sky, pawn democracies, make the Sign of the Cross, and toast with bloody wine aged in the agencies of the International Monetary Fund. The other alternative — a fatal coercion—, plants hopefulness in countless tables. In the Paris Club the despicables who gamble with terror, join the meeting. Projections of death confirm the wealth of heirless and heartless investors. Returns, foreign currencies, capital gains, endless avarice, served as dessert, sweeten the bank coffers of those insatiable owners of the universe. The world is chained with global measures while the imperial lords knead and liquefy their metals in sequestered crude oil.

While altars endorse the "stable kindnesses" of the ine- quality; a Third World is rooted in perennial agony... Called to the exclusive table, by The Lords of the Earth, all the elites arrive with their sets of deceivers: Cardinals, Bishops, Archbishops; and all the lobbyers in cassocks; struggling for power with Pastoral lackeys, and all of them —according to their treaties—, bless the free market of slaves. In the social pages of silent newspapers, stars sparkle with worthy foot notes: famous landlords, smiling "front men", pose like servile guardians at the summit meetings of genocide.

## Tienen razón, patriotas de la alcurnia

Tienen razón, patriotas de la patria, parida en las sedantes sedas de la alcurnia, comprada al filo de la espada colonial. Tienen razón, señores amos de la fusta sutil que nos doblega y domestica: somos nosotros los ingratos de abajo los que debemos irnos todos al carajo. ¡Al carajo! Acuchillados, lacerados, desnaturalizados (y pese a todo) debidamente agradecidos de los sacramentales pétalos de su misericordia; buenos amos amados, tienen razón, nos vamos todos.

Aquí dejamos estas máscaras; la exuberancia edificada por nuestras negras manos; la arquitectura de las vías, prohibidas a los pies del exilio que, a sudor y sol, vidas le dieran. Aquí os dejamos el efluvio perenne del café que sobremesa todo: desde las tardes sociales de las castas impropias; desde las juntas turbias de las bancas bancarias; desde las cínicas confesiones formales en las adoquinadas terrazas clericales hasta el velatorio insigne de muertos innombrables en los cacaotales del olvido. ¡Por fin dejamos libres los cadáveres vivos de las zafras!

Aquí dejamos los brazos cercenados al abrasante sol de vuestra exuberante majestad. Aquí dejamos la epidermis surcada por la benevolencia del generoso látigo. Nos despojamos de nuestros hijos; de nuestra sangre virgen vertida en caudalosos ríos de ésas, vuestras fortunas viles amasadas, salpresadas en el estiércol infame de sus apellidos. Aquí dejamos los huesos del latifundio, vísceras desandantes de la historia proscrita; nuestras molidas muertes; los vagones del hambre, los tranvías mutilados en el afán sin paga de días infinitos.

## You Are Right, Patriots of Noble Lineage

You are right, patriots of noble birth, born in the soothing silks of lineages purchased with the edge of the colonial sword. You are right, lords and masters of the subtle whip that submits us and domesticates us: it is we ourselves, the ungrateful lowly, who should go to hell. To hell! Knifed, lacerated, robbed of our identity (and despite everything) duly grateful for the sacramental petals of your mercy, good and beloved masters; you are right; we are all going.

But here we leave these masks, the prodigality created by our black hands; the architecture of your roads, forbidden to the exiled feet that gave them existence by means of sweat and sun. Here we leave the perennial effluvium of the coffee that serves to close everything, from the afternoon socials of unsuitable castes, the shady gatherings of financial entities, and the cynical formal confessions made on paved clerical balconies, to the famous funerals of the nameless dead in the cacao fields of oblivion. At last we grant freedom to the living corpses of all those harvests!

Here we leave our arms seared by the burning sun of your lavish majesty. Here we leave skins furrowed by the bene-volence of the generous lash. We relinquish our children; our blood, turned into the overflowing rivers of those vile fortunes of yours, heaped and salted in the infamous dungheaps of your last names. Here we leave the bones of the spreading estates, the viscera retraceable through forbidden history; our grinding deaths; the wagons of hunger, the tramcars of the mutilated at unpaid labor over an infinity of days.

Tienen razón, señores infalibles —cual sus asqueantes leyes de embudos sempiternos— sustentores del hurto burlador de los siglos, sigilosos sumarios de arcas insaciables. Togas y birretes, solapas sempiternas, encubridores recios de sus regias estirpes silencian sus saqueos de tallas estatales. Bufones y sicarios de la palabra a sueldo campanean a sus masas el terror de mis sombras. Somos el oropel que invade, la excusa que amedrenta, el extraño que usurpa, la pantalla precisa que oculta la apetencia incurable de vuestra casta impune. Pero ahora nos vamos, dejando a nuestro paso la sentencia inefable de nuestras bravas vidas, que quebrantan sus noches de pavoroso encierro

You are right, masters as infallible as your filthy laws full of tricks and eternal frauds, that have sustained theft and mocked the centuries, stealthily filling up your insatiable coffers. Togas and magistrates' caps, powerful sustainers of age-old secret cover-ups, who silence the state-level predations of your noble kinfolk. Buffoons and henchmen whose word is for sale announce to the masses the terror my shadow represents. We are the worthless tinsel that invades, the excuse for created fear, the alien usurper, the very screen used to conceal the incurable greed of your unpunished class. But now we are leaving, and imposing, as we leave, the ineffable sentence of our brave lives that will sicken your nights of fearful confinement.

## Solíamos ser maestros...

*A Ruth Rodríquez y Daniela Carrigo;*
*a todos los compañeros del ministerio insigne*
*y a todos los jazmines que habitan nuestras aulas.*

Solíamos ser maestros
solíamos contagiar primaveras;
el entusiasmo pueril abría las cajas de pandoras
por todos los rincones de la espontaneidad;
la magia del asombro develaba la inquietud de sapiencia,
rodaba la ruleta de las interrogantes
en las aulas que fueran ríos de felicidad;
entonces,
solíamos extasiarnos con la alegría temprana
anunciada con las inconfundibles voces
de esa naturaleza virgen de cualidades únicas
que ingrávidas fluían
hacia las dulces playas de la creatividad
en donde, libre de arbitraria mordaza,
el niño-poesía desnudaba acertijos,
desbordaba los sueños
y en instantes precisos
la alquimia de su imaginación
aleteaba sonriente de razón en razón,
cobraba forma en sílabas,
se plasmaba en lienzos únicos y sublimes,
en papeles silvestres
o bien corría entre los libros
saltaba sobre las mesas,
huía de mano en mano,
de voz en voz,
mientras se vestía de gozo, de alegría,
con los trajes del verbo cultivado en plena libertad.

**We Used to Be Teachers**

*To Ruth Rodríquez y Daniela Carrigo;*
*to all devoted colleagues of this ministery*
*and all those jazmines that inhabit our classrooms.*


We used to be teachers,
we used to spread the spring;
when pure enthusiasm opened Pandora's boxes
all corners of spontaneity;
the magic of surprise unveiled yearning to learn
the round of questions moved through
classrooms that were rivers of happiness;
then,
early joy used to enchant us with the unmistakable voices
of that virginal nature, unique qualities
that flowed weightless
toward sweet beaches of the creativity
where, free of arbitrary chains
the poet-child unveiled riddles
overflowed with dreams,
and in precise instants
the alchemy of his imagination,
smiling, moved from reason to reason,
turned into syllables,
reflected itself in unique, sublime canvas,
in wild texts
or perhaps ran among books
sped on the desks,
run away from hand to hand
from voice to voice
dressed with gladness
clothed in the word learned in full freedom.

Solíamos ser maestros…
Pero llegaron ellos, los invisibles robóticos
representantes de las corporaciones
con la horma cuadrada
de sus exámenes estandarizados
y sembraron de estrés los días escolares;
borraron los colores de la espontaneidad,
torcieron el rumbo natural de las barcas de velas,
presionaron las mentes con amarras absurdas
y al coro que cantaba al ritmo elemental
le impusieron MCAS – MEPA – MAP – PARCC
WIDA; con todos los conjuros innombrables
de un *Common Core* castrante y atrofiante.

Ahora son nuestros niños clientes de la estadística,
reos clasificados, daño colateral del mercado escolar.

En tanto —aterradas e inertes—
las autoridades escolares
barajan los datos
y al vaivén de lo "políticamente correcto"
danzan cual paquidermos los comités escolares,
dignos secuaces
todo al vaivén de la batuta de los bancos

Al margen de la silente tormenta,
ignotos de ese circo alienante
que engulle el futuro de sus amados vástagos,
los padres agobiados
confían sus primores a un sistema insensible.

We used to be teachers...
But then *they* came, the invisible robots
representatives of the corporations
with the squared mold
of their standardized tests
and seeded of stress the school days;
erased the colors of spontaneity,
turned aside the true path of the sailboats,
oppressed minds with absurd moorings
and on the chanting chorus of elementary rhythm
they imposed MCAS – MEPA – MAP – PARCC-
WIDA ACCESS; with all the nameless deviousness
of a destructive and atrophying *Common Core.*

Now our children are nothing but clients of their statistics,
classified prisoners, collateral damage of the education
market.

Meanwhile — terrified and motionless —
school authorities
suffle data
and in the beat of what is "politically correct"
they dance like pachyderms with school committees
honorable accomplices
dancing to the waving baton of commercial banks.

Marginalized from the silent storm,
unknown to the alienating circus
that devours the future of their beloved children
the exhausted parents
trust their treasures to a senseless system.

Mas he aquí el poder de la palabra magisterio,
la juiciosa virtud que rechaza el esquema orquestado.
Blandiendo la armadura del decoro
nos jugamos la vida por las vidas futuras
de nuestros hijos múltiples
por las mentes que crecen,
cantan, ríen, florecen
al amparo consciente de un espíritu triunfante:
el maestro
alfarero de mentes, sembrador y simiente,
regazo acogedor de esas frágiles almas
que ingenuas, pero puras,
llegan a nuestros brazos sedientos de calor
sin sospechar siquiera en sus remotos sueños
que son ellos los sueños
que mueven nuestros pasos
con el amor eterno de todos los crepúsculos
con el sobrio horizonte poblado de memorias
pues grabados están en nuestros corazones
más allá del reposo que pueblan las cenizas
de los esfuerzos idos...

Solíamos ser maestros...

But here, behold is the power of the word *Teaching*!
The thoughtful virtue that rejects orchestrated schemata.
Wielding the sword of dignity
we slake our lives for the future lives
of our multiple children,
for growing minds
that sing, laugh, flourish
protected by a conscious and triumphant spirit:
the teacher;
potter, molder of minds, sower and seed,
tender bosom open to those fragile souls
that naïve but pure
come to our arms thirsty for love
not even in their remote dreams
aware that they are the dreams
that move our steps
with the eternal love of every sunset,
the sober horizon peopled with memories
because they are engraved in our hearts
beyond the repose of the ashes
of all past efforts...

We used to be teachers...

## José Mesón, memoria histórica

Nadie contó su historia de niño bateyero. Las aulas no nos cuentan si trinaba y saltaba, o bien, si acaso, era muy quedo. Los rieles del batey, ya enmudecidos, ni el crujir de las ruinas dicen si maroteaba cañas a los vagones, o volaba chichigüas como cualquier mozuelo de pantalones cortos. El flamboyán no cuenta de sus cuitas ni el laurel atestigua de esa sonrisa leve que se advierte en sus ojos lejanos. Calla el aura del cayo. Se ha arenado en el tiempo aquel raudo latir brotado de algún puberto anhelo que le insomneara el alba enamorada. ¿Cuán profundo sostenía la mirada? ¿De qué color sus ojos pintaban el mar de la esperanza? No hay vestigio. Las pulpas del café depilado en la fábrica, allá, en la esquina empotrada, colindante al ingenio, efigian su figura al viento de las palmas, o acaso en las arenas de su cayo ancestral, se desdibuja a diario la huella de su vida...

¿Era proscrito el nombre del héroe de aquella foto infame que circuló en las calles, cual símbolo inefable del terror y del miedo? Silencio. Olvido. Complicidad colectiva. Hay una calle muda que le nombra. Todo cuando más. Cumplido el protocolo, el Cabildo se esfuma lo mismo que la historia. Las aulas —miopes y desmemoriadas— soterran a los héroes.

José Mesón, empero, reclama su nombre en las escuelas: una siembra acerada de la memoria histórica que coseche en los pechos, bravías mentes claras, ávidas de justicia. No en vano con sus venas, con sus heroicas venas, se cobijó el nidal libertario de una Raza Inmortal que honra el calendario. ¡Ni un día más que lapide sus nombres! José Mesón, tu nombre taladra aún conciencias. Tu estirpe y tu legado revientan los silencios. Chimeneas aún braman en todos litorales donde los hombres libres ondean la bandera del alba justiciera.

## Jose Mesón, Historical Memory

No one told the story of this child of the batey. In class-rooms, no one says whether he sang or jumped, or perhaps was quiet. Neither the muted rails of the *batey*, nor the creaky ruins tell if he ever pilfered canes from the wagons or used to fly kites like any boy in short pants. The flamboyant tree doesn't confide anything about his griefs, nor does the laurel mention that slight smile in his distant eyes. The gentle breeze of the Cayo is silent. That fleeting feeling aroused by puberty's desire, which may have provoked insomnia in the dawn, has been buried in the sands of time. How deep was his gaze? What color did his eyes paint the sea of hope? No vestige remains. The pulp of stripped coffee in the mill, there in the recessed corner, adjacent to the sugar mill, suggests his form in the wind of the palms; or perhaps on the sand of his ancestral *cayo* the footsteps of his life are erased day by day…
Was it forbidden to name the hero of that infamous picture that circulated in the streets as an ineffable symbol of terror? Silence. Oblivion. Collective complicity. A mute street names him. That's all. City Hall complies with the protocol, vanishes just as history does. Forgetful and myopic schools bury heroes.

Nevertheless, José Mesón reclaims his name in the schools: a steely sowing of historical memory harvested by brave hearts and minds hungry for justice. Not in vain did their veins, their heroic veins, create the nest of freedom for an Immortal Race honored by the calendar. May their names not be buried one more day! José Mesón, your name still penetrates our consciousness. Your lineage and legacy burst through all silences. The chimneys still roar on every shore where free men wave the banner of the dawn that will bring justice.

## Tuyo es el rostro de mi espejo

*Con mis pies intento reescribir la historia,*
*ayer lo hice con las manos y se llenó el mundo de fronteras.*
                                        *-José Segura-*


¿En qué lugar de tu cielo puedo colgar mi espejo?
¿En qué rincón de tu historia puedo inscribir mi nombre?

Sí, mi nombre
Yo, Juanyuca, cazador reluciente –ente pleno.
Yo, que nací y morí en tu tiempo,
yo, pescador madruguero –hoguera de las albas
yo, trigo ondeante, trepador de crepúsculos
yo, preñador de palmeras y sus lunas caribeñas.
Yo, Guaroa, Agüeybaná, Hatuey… Taíno singular
Yo, negro no bautizado; alzado —en rebeldía—
sin cruces ni medallas
sin títulos ni dueños
sin pólvora ni reino
sólo con pies descalzos y besos de la tierra
con mi *maniel* al cinto -preñado en rebeldía
vengo a buscar el nombre de los encomendados
ayer ante la espada, el garrote y el látigo
—lengua y cruz del Imperio—
y hoy ante el misil, y el mercado,
diplomacia de bombas y su siembra de muertes
en la incontable lista de los que no nacieron.


¿En qué página lees mi nombre ensangrentado?
¿En qué idioma lees los latigazos sobre mis espaldas?
¿Cuánto oro sacaste de mi cuerpo desvalido?
¿Dónde quedó la gloria de mi muerte en tus manos?

## Yours Is the Face of My Mirror

*With my feet I intend to rewrite history,*
*Yesterday I tried with my hands*
*and the world became full of borders.*

*-Jose Segura-*

Where in your sky may I hang my mirror?
In what corner of your history can my name be inscribed?

Yes, my name,
I, Juanyuca shining hunter, whole being.
I, who was born, tand died in your time.
I who fisherman dawn, bonfire of daybreak
I, waving wheat, climber of dusk
I, sower of Caribbean palms and moons
I, Guaroa, Agüeybaná, Hatuey… singular Taíno
I, Negro unbaptized, insurgent, in open revolt
without crosses or medals
without titles of masters
without gunpowder or kingdom
with only bare feet and the kisses of the earth
with my *maniel* at my waistband, in full revolt,
come to seek the names of those *encomendados*
who yesterday wielded the sword, the club, and the whip
— language and cross of the Empire —
and today wielded the missile and the market
the diplomacy of bombs, and its seeding of deaths
on the endless list of the unborn.

On which page do you read my bloodied name?
In what language do you read the scars on my back?
How much gold did you extract from my wounded body?
Where is the glory of my death at your hands?

¿A cuántos Lembas-mártires, condenaste al olvido?

Los ríos de la historia no registran mi nombre
y el tuyo lo tiñeron con sangre de las minas.
A pesar de los truenos clamando libertad
a pesar de los ruegos, tratando de entender,
los por qué fueron mudos como heridas sin tregua
sólo templos quedaron de nuestros huesos secos
sólo estatuas quedaron de nuestras almas rotas.

¡Con glóbulos rojizos te ceñiste coronas!
¡Con sangre de mis hembras impusiste diademas!
¡Con sangre de mis madres pariste tus conquistas!
Con sangre de mi sangre pincelaste la historia.

Tu historia:
indulgente el garrote -persuasiva la cruz.
Egregio el linaje -honorable la casta.

En tanto, el oropel todavía cuestionaba
si mi sino era digno de llamársele alma.

Y nos hicimos viento, espíritu y montaña.
Leyendas olvidadas como espigas cortadas.
Árboles humeantes, cenizas, polvo… nada.

*"¿Con qué derecho y con qué justicia*
*hacéis tan detestables guerras?"*
—Clamó la justiciera voz de Montesinos.
Mas eran solo sordos, los dueños del destino.

No traspasó los mares, la voz de la conciencia.
La muerte —horrenda muerte, horrenda—

How many martyred Lembas have you condemned
to oblivion?

The rivers of history do not register my name
and yours is stained with blood from the mines.
Despite the thunders clapping for freedom
despite the pleas trying to understand
the whys were mute as ceaseless injuries
only temples remained made of our dried bones
only statues remained made of our shattered souls.

You were crowned with reddish blood cells!
You fashioned your diadems out of the blood
of my women!
You gave birth to your conquests with the blood
of my mothers!
You painted your history with blood of my blood!
Your history: Generous with the club —persuasive with the
cross. Distinguished your lineage —your class, honorable

Meanwhile, all that tinsel still doubted
my entity was worthy of being called a soul.

So we became wind, spirit, and mountain.
Forgotten legends like cut spikes of grains
Trees turning to smoke, ashes, dust... nothing.

*"With what right, with what justice
do you make such detestable wars?"*
—Called Montesinos' voice of justice.
But the owners of destiny were simply deaf.

The voice of conscience did not cross the oceans.
Death —horrendous death, horrendous—

atravesó los ecos de la tierra
y el yugo yugulante con su dolor de siglos
se sembró en El Caribe ojo de la extinción.

Negra entonces la sangre negra abona los plantíos.
Negra taína negra ¡sangre! Taína negra, taína.
Rojinegros los surcos de la rabia y del látigo golpeante.
Taína negra taína ¡sangre! Negra taína, negra.

Blanca la ira -blanca -negra la muerte, negra.
Blanco el verdugo -blanco -negra la muerte, negra.
Blanca la sed de oro -blanca -negra la muerte, negra.

Blanca la plusvalía -blanca -negra la muerte, negra.
Blanca la mano del amo -negra la muerte, negra.
Blanca la hostia blanca -negra la muerte, negra.

Blanca la bendición -la cruz -negra la suerte, negra.
Blanca la ama -la Doña -negra la criada, negra.
Blanco el amo -el Don -negro el criado, negro.

Alzado orgullo allende lomas puras
el cimarrón rompiente desafía el infortunio
negador del oprobio rompe las ataduras
hirviente pecho abierto como un tenaz diluvio
negro tambor mulato rompe la noche obscura:

*"Esclavo soy, negro nací*
*negro es mi color y negra es mi suerte..."*

Alzado orgullo allende lomas puras
el Cimarrón rompiente desafía el infortunio
negador del oprobio, rompe las ataduras
hirviente pecho abierto como un tenaz diluvio
negro tambor mulato rompe la noche oscura:

penetrated the echoes of the Earth
and yoke of oppression with its centuries of pain
was sown in the Caribbean, epicenter of the extinction.

Black then black blood fertilizes the fields.
*Negra-Taina-Negra.* Blood! *Taína negra, taína.*
Red-Black the furies' trenches of the beating whip.
*Taína-Negra-Taína.* Blood! *Negra taína, negra.*

White the fury –white. *Negra* death, *negra.*
White the cruel master, white. *Negra* death, *negra.*
White the thirst of gold. White, *Negra* death, *negra.*

White the profit –white. *Negra* death, *negra.*
White the master' hand. *Negra* death, *negra.*
White the sacred host, white. *Negra* death, *negra.*

White the blessing –the cross. *Negro* fate, *negro.*
White the mistress, the Ama. *Negra* the maid, *negra.*
White the master, the Amo. *Negro* the manservant, *negro.*

Rebelions pride, away to pure hills
The insurgent *Cimarrón* defies adversity
rejrcts oppression, breaks his chains!
His fervent breast is open like a tenacious flood.
The black *mulato* drum, brakes the darkness of the night:

*"Slave am I, born black
black is my color and black my fate…"*

Rebelions pride, away to pure hills
The insurgent *Cimarrón* defies adversity
rejects oppression, breaks his chains!
His fervent breast is open like a tenacious flood.
The black *mulato* drum, brakes the darkness of the night:

Hirvientre pecho abierto como un tenaz diluvio
Negro tambor mulato rompe la noche oscura:

*"Cimarrón, son son cimarrón"*
Negro – indio – mestizo alzado
*"Cimarrón, son son cimarrón"*
ombligo mismo del criollismo
*"Cimarrón, son son cimarrón"*
pinta de negro la geografía
*"Cimarrón, son son cimarrón"*
pare el azúcar con tu sudor
*"Cimarrón, son son cimarrón"*
sigue luchando de sol a sol
*"Cimarrón, son son cimarrón"*
quiebra la suerte de tu opresor
*"Cimarrón, son son cimarrón"*
puñal, machete, piedra y tambor
*"Cimarrón, son son cimarrón"*
que un día dirás, lleno de alegría
*"Cimarrón, son son cimarrón"*
¡Vencí, ¡por fin! Esta Patria es mía!

¡No planches Pancha con cuatro planchas!
Ni con tres ni con dos ¡con ninguna!
No planches más como esclava ¡ni una!
Cimbrea la cintura serpentina ¡remenea!
Resueltos tus pechos sudorosos ¡hembrea!

"¡Ay mi Negra Pancha vamo' a bailá!
Que los negros libres un día serán…"

De la garganta, Cimarrón, no me sale la voz
para cantar y cantarte, si tú no la haces coro.

His fervent breast is open like a tenacious flood.
The black *mulato* drum, brakes the darkness of the night:

*"Cimarrón, son son cimarrón"*
Negro –indio- mestizo alzado
*"Cimarrón, son son cimarrón"*
Proper origen of the nativism
*"Cimarrón, son son cimarrón"*
Depict a black geography.
*"Cimarrón, son son cimarrón"*
Produce sugar out of your sweat.
*"Cimarrón, son son cimarrón"*
struggle fom sunrise to sunset.
*"Cimarrón, son son cimarrón"*
Destroy the fate of your oppresor.
*"Cimarrón, son son cimarrón"*
Knife, machete, stone and drum.
*"Cimarrón, son son cimarrón"*
One day –full of joy- you will say:
*"Cimarrón, son son cimarrón"*
Victory! At last! This Land is mine!

Do not iron, Pancha, with four irons!
Nor with three, nor with two. No more!
Do not iron more as a slave! No more!
Shake your mobile waist, twist and turn! Shake it!
Shake your resolved sweaty breasts! Be a woman!

*"Oh my Black Pancha, let's dance!*
*One day Blacks will be free!"*

*Cimarrón*, my voice cannot escape my throat
to sing — and sing to you, if you don't join me in the song.

¿Cómo ignorar el pentagrama de tus penas?
¿A quién puedo negarle que la Patria eres tú?


Tú, plural humanitario, átomo de Whitman,
aquél que fui sin ser, imagen de la nada.
Hoy —lo mismo que tú— soy la historia y la luz
memoria de todo lo ocurrido:
el hambre de las hambres, la lucha de las luchas
el fuego del frío y la noche del día
la mujer en el hombre y el hombre en el viento
rico cuando te cuento y miserable cuando te niego.
¡Hermano! ¡Hermano! ¡Hermano!
que moriste conmigo para nacer en todos…

How to ignore the pentagram of your sorrows?
To whom can I deny that you are the Motherland?

You, plural humanitarian, atom of Whitman
he who I was but was not, an image of nothingness.
Now —the same as you— I am history and light
memory of all that has been:
the hunger of hungers, the battle of battles
the fire of cold, and the night of day
the woman within the man, and the man within the wind
wealthy when I count on you,
and destitute when I deny you.
Brother! Brother! Brother!
That you died with me to be born in all of us...

## Epílogo —Carta al Tío James

*"Distingo una cosa de la otra...*
*Sé que nací negro, sufriré y moriré.*
*La única forma de atravesar la vida,*
*es saber las cosas peores sobre ella.*

*He aprendido eso porque tuve que aprenderlo.*
*Pero, infiero, que tú sigues pensando*
*que el negro es necesario.*
*Bueno, él es innecesario para mí.*
*De modo que él es necesario para ti.*
*Así que te devuelvo tu problema:*
*Tú eres el negro, mi hijito, no yo."*
                                        *-James Baldwin-*

Querido Tío James:

Mi ombligo bateyero danza el ra-rá del abuelo Titón, padre del balsié, el tantán y el bambú. Titón-conuco, labrador de memorias llegadas del oeste de esta isla preñada de etnias eludidas al vaivén colonial del amo misterioso. Tanto trinó la rueda de la argucia oficial que en la oreja del tiempo estamparon la tez, de espaldas al crepúsculo, al sol del ente mío; y al envés de mi nombre colgaron de mi cuello el sutil eufemismo que arrastro todavía.

En la sombra del tiempo, desdibujado, existo tal cual ellos. Tú lo advertiste Tío James: *"Ellos están, en efecto, aún atrapados en una historia que no entienden y hasta que la entiendan, no podrán liberarse de ella."* Yo tampoco. Por ignorancia y por olvido —combinación letal que me empreña alienante—, me desprendo del nudo de los mangles; del eslabón cocolo que me plasma las venas;

### Epilogue —Letter to Uncle James

*"I know one thing from another...*
*I know I was born, I'm gonna suffer, and I'm gonna die.*
*The only way to get through life*
*is know the worst things about it.*

*I've learned this because I had to learn it.*
*But, you still think, I gather,*
*That the nigger is necessary.*
*Well, he's unnecessary to me,*
*So he must be necessary to you.*
*So I give you your problem back:*
*You're the nigger, baby, it isn't me."*
                                        *-James Baldwin-*

Dear Uncle James:

My *bateyero* navel dances the *ra-rá* of Grandpa Tintón, father of the *balsié*, the *tantán* and the bamboo. Grandpa Tintón, farmer of memories that came from the west of this island pregnant with unknown races produced by the come-and-go of a mysterious master. The official's wheel of trickery screeched so long that in the ear of time they imprinted my skin, against the sun of my being; and instead of my name, they hung around my neck the subtle euphemism that I still drag today...

In the shadow of the ages, I do exist —undefined— like them. You unveiled it, Uncle James: *"They are in effect still trapped in a history which they do not understand and until they understand it, they cannot be released from it."* Me neither. Yet for ignorance and oblivion —lethal combination that alienates me—, I break away from the mangrove's knot; from the loose link that molds my veins;

145

del rapusít ancestral que pinta el sempiterno paladar de mi suelo dulzón; del salobre sendero que trillaron las hembras domesticando témpanos de desprecio y desdenes.

Anclado en la nada del ser que me fuera asignado, desdigo del pincel y me proclamo prieto-moreno-pirimoreno-indio-indioclaro-lavaíto, aférrome, en fin, al arcoíris del eufemismo para asentirme todo, menos negro. Y me juego la vida al compás del merengue que proclama la antítesis del que soy y del "Otro".

*"A mí me llaman el negrito del Batey*
*porque el trabajo para mí es un enemigo*
*el trabajar yo se lo dejo todo al buey*
*porque el trabajo lo hizo Dios como castigo".*

(Una vuelta al compás de la batuta que me aliena
 Un jaleo de ira y rebeldía: ¡el mabí entre mis venas!)

El uno que hay en mí, solo lo admite y lo digiere al compás del pentagrama alienante creado por el Otro me crea y me crece inferior, de cara al espejo que erige frente a mí. Por ello, sin duda me he perdido, Tío James. Se me ha perdido un niño en el Batey. Desmemorizó los cuentos que contaba aquel terso Tibú, en el creole vedado entre zafras ocultas. Extravió la fonética que devino en gagá; con su candente ritmo:

from the ancestral *rapusít* that paint on the eternal taste of
my sweetish soil; from the salty path that our women paved
taming icebergs of disdain.

Anchored in the emptiness imposed on me, I reject the
paintbrush and proclaim myself as a *Prieto-moreno-*
*pirimoreno-indio-indioclaro-lavaíto;* I hold to euphemisms just
to recognize myself as everything but black. And I bet my
life to the beat of a merengue that proclaims me the
antithesis of what I am, and "The Other".

*"They call me the little black boy of the Batey*
*because, to me, working is an enemy.*
*I leave all work to the ox*
*because God made working as a punishment."*

(A turn to the beat of the baton that alienates me.
 A dance of anger and rebellion: the *mabí* coursing
my veins!)

The one who inhabits me only accepts and digests it to the
beat of the alienating pentagram created by the Other that
creates me, and renders me as a a lesser human being,
before the mirror he holds up to my face. That's why I have
been lost, Uncle James. I have lost a child in the Batey, Uncle
James. He forgot the stories of that terse Tibú, in Creole, a
language forbidden through all those hidden harvests. He
forgot the gaga, and its rhythm of fire:

*¡Se montó Marielá!*
Caderas de calderas
cimbrean las arenas del cayo en luna llena.
*¡Se montó Marielá!*
Resuena África plena
sobre el riel infinito de mi azúcar morena.
*¡Se montó Marielá!*
Se pincela el Batey:
rojo cual carmesí, rugiente entre mis venas.

Pero ¡Oh Tío James! Brama
—cual tumba cíclica que nunca ha de cesar—
la chimenea humeante de vidas por calcinar...

Se me ha perdido un niño: en la altivez foránea que en-
hestara mi inferioridad con catecismos fatuos, plenos de
oscuridad.

*¡Se montó Marielá!*
Burning hips
swaying over the sand of the cape in full moon.
*¡Se montó Marielá!*
Africa resounds
on the endless rail of my black sugar.
*¡Se montó Marielá!*
Red as crimsom,
the roaring Batey is painted in my veins.

But, Oh Uncle James!
The steaming chimney roars for lives to burn,
like a cyclical grave that will never cease...

I have lost a child: in the foreign arrogance that set upright
my inferiority with false catechisms, full of darkness.

Se me ha perdido un niño, Tío James. Olvidó los ramales ardientes que alegre recorría tras el rico bombón de Miss Farril, el biembesabe plural de Madelena, el no menos suculento flan de Madam Evá, o el incitante manjar parido de la magia de Degás y de Chota, de Lamesí y Osamí; que, al igual que Madam Marielá, amasaban el éxtasis con sus inolvidables manos culinarias.

El otro, Tío James, por suerte aún subsiste en los sabios zapatos de Anastás y las simples hojaldres de su mujer Isnená; en el sólido lar de los valores puros, en el solemne ejemplo del Cocolo llegado con legado profundo de templanza y sapiencia. Ya lo dijiste Tío-Maestro: "*tú vienes de una recia estirpe de campo y monte. Hombres que recogieron algodón, domesticaron ríos, construyeron ferrocarriles y entre las fauces de probabilidades aterradoras, lograron una irrefutable y monumental dignidad.*"

El otro, Tío James, allende las fronteras y el destierro, espeja la esencia transparente de su raiz bateyera. Se descubre en el vientre de luchas justicieras. Allende las fronteras del fraude; (el "over") en los cañaverales; más allá de los códigos deshumanizantes del Estado —un Estado apresado por mentes coloniales—, desde suelo sangrante de los Barrancones, a los campos-semilla de sudores y amores, traspasando oleajes y el lejano horizonte, derribando paredes de difusos prejuicios; la identidad, el ser, se sabe negro ¡al fin!, mi pecho milenario alcanza a proclamar: "*mi calabozo estremeció y cayeron mis cadenas*".

I have lost a child, Uncle James. He forgot all about the burning branches that, happily, he walked through pursuing Miss Farril's delicious *bombón*; Magdalena's *biembesabe*; the equally succulent *flan* of Madam Evá; or those provocative delicacies that sprout from the magic hands of Degas, Chota, Lamesí, and Osamí; who, like Madam Marielá, kneaded ecstasy with those unforgettable hands.

The other child, Uncle James, luckily subsists in the wisdom of Anastas' shoes, and the simple puff pastries of his wife Isnená; in the stable home and its pure values; in the solemn example of the *Cocolo* who arrived with a profound legacy of dignity and wisdom. You have said it, Teacher and Uncle James: "*You come from sturdy peasant stock, men who picked cotton, dammed rivers, built railroads, and in the teeth of the most terrifying odds, achieved an unassailable and monumental dignity.*"

The other one, Uncle James, beyond borders and exile, reflects the transparent essence of his root. He identifies himself in the belly of the struggle for justice. Beyond frontiers of fraud in the sugar field; beyond the inhuman codes of the State —a State kidnaped by colonial minds— from bloodied soils of the *Barrancones*; to the fields and seeds full of sweat and love; crossing the waves and the far away horizon, breaking down walls of diffuse prejudices; his identity, his conscious being, recognizes himself as black. At last! My millenarian chest proclaims: "*my dungeon shook and my chains fell off.*"

# Meditaciones

# Meditations

## Solicortos (Ocho fragmentos)

Dijo
la soledad
al tiempo:

*nada*
*es largo*
*ni breve:*
*todo*
*es un sentir*
*y nada más.*

El tiempo
—desde entonces—
arropado de esperas
se anida en el silencio.

De cuando
en cuando
se ahiedra,
me espeja de palabras.

Heme aquí.
Nada soy
si no te ves en mí.

## Solicortos (Eight Excerpts)

Solitude
said
to Time:

*nothing*
*is long*
*or brief:*
*everything*
*is a sensation*
*and nothing more.*

Time
—ever since—
wrapped in its waiting
has been nesting in silence.

Now
and then
it clings like ivy,
mirroring my words.

Here I am.
I am nothing
if you don't see yourself in me.

**Yo**

jamás he sido
el que ondeara
la bandera del olvido.


**Soy**

el extraño del camino
que desde su silencio
quiere hablar contigo.


**El Uno**

No te confundas
éste que escribe
salió a la luz

El que dicta silencios
abona en su caverna
la sombra que lo sabe.


**Mi palabra**

Se eterniza en tu eco

## I

I have never been
the one to wave
the banner flag of forgetfulness.

## I Am

the stranger on the road
who from inside his silence
wants to talk to you.

## The One

Don't be confused
the one who writes this
emerged into the light...

He who dictates silences
nurtures in his cave
the shadow that knows him.

## My Word

becomes eternal in your echo.

## Vida

no aspiro más
que gravitar
descubriendo secretos en tu puerta.


## Siembro

mis pasos en la hoguera

después
salgo a buscar
al que antes era.


## El otro

define la superficie que lo besa,
sobresale del naufragio

camina
(de su cola se amarran desafíos)

celebra vidas
vestido de muerte mientras pisa.

## Life

I wish no more
than to gravitate
unveiling secrets at your door.

## I sow

my steps in the hearth

then
I go, searching
for the one I once was.

## The Other one

defines the surface that kisses him,
survives the shipwreck

walks,
(challenges bind to his trail)

celebrates lives
dressing death while he walks.

## Dios nos pincela la vida

Dios nos pincela la vida con algo más que colores,
con la esperanza encendida -a pesar de los dolores.
Sea el pincel de Su Gracia a nuestros ojos remedio
como agua pura que sacia la sed del miedo y del tedio.

Dios nos pincela la vida con algo más que colores,
¡sobre la mar de avatares yérguese viva Su Paz!
Curando las mil heridas con la luz de sus amores
Jehová nos guía a la calma, al solaz de su bondad.

Dios nos pincela la vida con algo más que colores,
ante el alud de quebrantos con paciencia nos revela
la templanza y mansedumbre contra los tales rigores

¡Fe firme! ¡Gozo sin par en las pruebas! Eso anhela
el amado Creador, quien sobre espinos, con flores
nos vendimia amor eterno y en su regazo nos lleva.

## God, With More Than Colors

God, with more than colors, makes life bright—
despite our many sorrows— with hope's light.
Brush of His Grace, render our vision clear,
as pure water slakes the thirst of tedious fear.

God, with more than colors, makes life bright,
over the ocean of our pain spreads peace,
heals our thousand wounds with His fond sight,
and leads us toward good without surcease.

God, with more than colors, makes life bright;
in the swamp of evil Jehovah lets us see
how gentle moderation cures our plight.

Firm faith! Joy, boundless, in our trials! He
longs for those, and with flowers and thorns invites
us to the harvest of His love eternally.

## Clamor de amor,
## justicia y reconciliación

*"De modo que si alguno está en Cristo, nueva criatura es;*
*las cosas Viejas pasaron; he aquí todas son hechas nuevas,*
*Y todo esto proviene de Dios, quién nos reconcilió consigo mismo*
*por Cristo, y nos dio el ministerio de la reconciliación."*
*2da Corintios 5:17-18.*


¿Qué pedirte, Señor,
sino el mandato único
esencia, acción, verdad de la existencia,
qué pedirte, sino amor?

¿Qué pedirte, Señor,
si el respirar como respuesta
es un ejemplo simple de lo que nada nos cuesta
y sin embargo pesa
reconocerte brisa, sapiencia que eterniza
el Cristo que realiza, la virtud de tu entrega
que sin tardanza llega,
apenas cuando asoma la intención en la mente?

¿A qué llamarte, Señor,
si estás a nuestro lado —mucho antes del dolor—
a qué llamarte, Señor,
si eres el Verbo conjugado; si estás presente
eterno amor, vida y simiente? ¡Oh! Redentor.

Estás presente, guardián invicto. Estás presente
cuando el ruedo y la lid despuntan albas,
cuando dardos y espinas nos perforan la vida

## A Cry of Love,
## Justice, and Reconciliation

*"Therefore, if any man be in Christ, he is a new creature: old things are passed away; behold, all things are become new. And all things are of God, who hath reconciled us to himself by Jesus Christ, and hath given to us the ministry of reconciliation"*
*2 Corinthians 5:17-18*

What should we ask of you, Lord?
Other than the unique commandment
which is essential, action, the truth of the existence;
what should we ask of you, but love?

What should we ask of you, Lord?
If just breathing, as an answer,
is a simple example of what costs us nothing
and yet weighs,
recognizing you as a soft wind, everlasting wisdom,
the Christ who delivers, the virtue of your will
that arrives without delay
as soon as my intention flowers in my mind.

Why should we call on you, Lord?
If you are here by my side —way before the pain—
Why should we call on you, Lord?
If you are the conjugated Verb; if you are right here
everlasting love, life and seed. ¡Oh, Redeemer!

You are here, undefeated guardian. You are here
in the midst of the battlefield
when arrows and thorns drill through our lives

cuando dolor y angustias nos quebrantan el alma
cuando, desesperados, tornamos hacia arriba
y he ahí, perenne, tu estatura, esa estancia de Gracia
que tu trono asegura, Oh! Señor!

¿Qué pedirte, Señor,
sino justicia en la actitud de nuestros pasos
para gloriarnos en ti y en tu regazo,
en el santificado horno que nos pule el carácter
y nos lleva a tu cruz como camino?
¡Un nuevo corazón, un nuevo sino!
¡Justificados en ti, Padre de Amor!

¿Qué pedirte, Señor, sino humildad
un pecho antorcha en el que habite
esa llama sublime que es tu paz?
El pacto de tu unción, la virtud del perdón
la barca en que seguirte
–sin que ningún viento evite
el evangelio estela que ondea
tu bandera de reconciliación.

when the anguish and suffering break our souls
when, distressed, we turn up to heaven
and, right there, perennial, your stature, the prairie of
Grace
that your throne assures us, Oh Lord!

What should we ask of you, Lord?
Other than justice in our steps
to glorify You, and in your arms,
in the sanctified pyre that refines our character
and carries us to your cross, as The Way.
A brand new heart, a brand new soul!
Justified in You, Father of Love!

What should we ask of you, Lord, but humility?
A burning heart inhabited by
that sublime flame that is your peace.
The pact of your unction, the forgiveness' virtue
the ship in which we follow you
with no wind that will lead us away from
the evangelical waves that fly
the banner of your reconciliation.

## Afuera ruge el viento

*A Luis Gregorio y César Sánchez Beras*
*por la paciencia y el amor que me prodigan.*

Afuera ruge el viento. Brutal, su fuerza revienta en ecos.
Solo la soledad de los árboles recios soporta empujes tales.
Crujientes ramas se ondean al manto de la sórdida noche.
Solo sus férreas raíces les aferran al suelo, a la vida. Las
silentes raíces. Inadvertidas, subterráneas —tantas veces
relegadas al olvido— obstinadas, sin embargo son sólidas
columnas que lo sostienen todo. ¿Dónde el dolor de sus
curvaturas? ¿Dónde el peso de los suelos y sus capas
sucesivas? ¿Dónde los ríos que las cursan; la sequedad que-
mante; el frío de sus días sepultados? Todo el misterio de la
humildad de las raíces se corona en la vida, que, afuera, se
bate a muerte con la muerte.

Adentro yo, ovillado, privilegiado en la tibieza del hogar,
¿reparo acaso en la nobleza que ardiendo hasta cenizas, me
devuelve la vida? ¿Cuántos grados de amor diluyen este
tiempo oscuro, gélido, desafiante entre fauces feroces que
claman por mi alma? Bien sé que adeudo el sortilegio de mi
buenaventura; el apacible lecho, la cobijante quietud, el
dócil toque; el prado sonoro que matiza mis sentires.

Afuera ruge el viento pariendo tempestades. Insaciables
tempestades que alfombran los fáciles senderos. Soledad y
sepulcro son sus voces auríferas; sirenas solitarias sedientas
de corderos, gestan suntuosos lares. Adentro, no menos
cruenta es la batalla: yoes silenciosos, soberbios, rebeldes
atorrantes ondean al sol sus vítores. Sin embargo; distantes
están de la victoria cierta. Adentro yo, bizarro espejo roto
rodando al pie del descalabro interno, sin íntimas res-
puestas.

## Outdoors, the Wind Roars

*To Luis Gregorio and César Sánchez Beras,*
*for their love and patience toward me.*

Outdoors, the wind roars. Brutal, its force explodes in
echoes. Only the solitude of mighty trees can withstand
such attacks. Creaking branches wave under cover of the
squalid night. Only their steely roots cling to the soil, to
life... Silent roots, unseen, underground —so often relegated
to forgetfulness — stubborn, nevertheless, they are the solid
columns that sustain everything. Where is the pain of their
twistedness? Where the weight of the earth and its su-
ccessive layers? Where the rivers that run through it; the
drought that burns it; the cold endured of their days spent
buried? All the mystery of the humility of roots is crowned
by that life which, outdoors, battles against death.

Indoors, I, curled up into a ball, lucky in the warmth of my
home, do I notice the nobility of that which, burning to
ashes, give me back my life? How many degrees of love
dissipate this dark, frozen time spent defying fierce claws
that claim my soul? How well I know that I owe a great deal
for the magic of my good fortune; the peaceful bed, the
sheltering tranquility, the gentle touch; the sonorous field
that shades my feelings...

Outdoors, the wind roars, giving birth to storms. Insatiable
storms that line the easy roads... Loneliness and death are
its golden voices; solitary sirens; eager for sacrificial lambs,
they prepare tempting sites... Inside, no less bloody is the
battle: silent selves, arrogant, rebel wanderers, hurl their
cheers to the sun... nevertheless, they are far from a certain
victory. Inside, I, bizarre broken mirror heaped at the feet of
my internal downfall, without inner responses...

Adentro, aún más adentro, taladra El Verbo más allá de óseos estamentos; descorre para siempre el telón del espanto. No deja nada a obscuras. Espeja claramente al ente en su anatema. Ciego, sin argumentos, de vuelta a las raíces, consciente, con respirar profundo; cede el yo ante La Luz del Mundo.

Inside, even more deeply within, The World pierces far beyond the bones and their living fibers; it draws forever the curtain of terror. It leaves nothing in the dark. It mirrors clearly each being in its anathema... Blind, without arguments, turned toward the roots, conscious, breathing deeply... my self gives way before The Light of the World.

## La copa amarga de la Cruz

*Padre mío, si es posible, pase de mí esta copa;*
*pero no sea como yo quiero, sino como tú. (Mateo 26 : 39)*

Cruza sobre la cruz
la muerte
altiva, solaz,
desafiante, hiriente.

Crece en la tarde lenta —que ya sin luz—
se eterniza con la sangre del Jesús
lacerado
por el alud de mis pecados.

Sobre el horror brutal
y el estupor sin nombre
creció plural,
en la humana existencia,
un ejemplo de amor, hízose hombre
capaz de remover, labrar conciencias.

Amar frente al dolor ¿quién es capaz?
Clamar perdón por el mordaz hermano
aún cuando los clavos del rencor
atraviesan la mansedumbre de sus manos
¡Él en la cruz, aún no levantada,
ignoró, por amor, afrentas dadas!

Dudando cada vez de su recio vencer
tienta la muerte por la sed de sed
y he aquí que soy carne plural

## The Bitter Cup of the Cross

*"Father, if it be possible, let this cup pass from me:
nevertheless, not as I will, but as thou wilt." (Matthew 26:39)*

Arrogant, joyful,
challenging, wounding,
Death crosses above the cross.

It grows in the lethargic afternoon
—which now, lightless—
becomes eternal with the blood of Jesus
lacerated
by the avalanche of my sins.

Despite brutal horror
and nameless stupor,
an example of love, he grew plural
through human experience,
became a man
capable of fellow-feeling, of harrowing our consciences.

In the face of pain, who is capable of loving?
Claiming forgiveness for a wicked brother
yet when rancorous nails
crossed the benevolence of His hands,
He, on the cross —not lifted up yet—
ignored given offenses, just for His love!

Doubting of its victory,
death tempts with thirst
and here I am, plural flesh,

mordacidad, punta de lanza visceral,
que a tus sedientos labios vinagre llevo:

el vino acre del desprecio, a ti, en la cruz,
el vino acre del abandono,
el vino acre de la ira y el encono
a ti, en la cruz
el vino acre de mi desatención,
el vino acre de mi indolencia,
a ti, en la cruz
el vino acre de mi negligencia,
el vino acre de mi orgullo,
a ti en la cruz…

y cada día clavo en ti mi apatía
y cada día clavo, con rencores,
y cada día, negando tu llamado,
con dedos índices acuso, juzgo
y clavo, en tu carne, a mi hermano.

¡Oh, mi buen Jesús!
Cuántas muertes revivo
en la acritud ardiente del olvido,
de que a cada ser que miro a ti yo miro
y no espero en mi ser sino la luz de tu cruz
por cuanto fue tu ejemplo allí cumplido
en el punto más alto del camino:
la virtud del perdón
—no en vano dado—
*Padre, perdónalos* —dijiste a viva voz—
¡Clamor de amor, sobre dolor de clavos!

Clamor de amor, allí, en la cruz,
donde amor y perdón tienen por signo

acrimony, visceral lance's edge
that to Your thirsty lips I give:

The disdain's bitter wine, to You, in the cross;
the abandon's bitter wine,
the hate and rancor's bitter wine,
to You, in the cross
my recklessness' bitter wine,
my indolence's bitter wine
to You, in the cross
my negligence's bitter wine,
my pride's bitter wine
to You, in the cross...

and every day I nail in You my apathy
and every day I nail, with rancor
every day, denying Your call
with pointing fingers accuse, judge,
and nail — in Your flesh — my brother.

Oh my great Jesus!
How many deaths I revive
when in flames of acrimony I forgot
that to each human being I see, I see You
and I have no wish but being the light of Your cross
because it was Your example fulfilled there
in the higher point of the path:
the forgiveness' virtue
— not given in vain —
"*Father, forgive them*" — You claimed.
A claim of love, above those painful nails!

A claim of love, there, in the cross
where love and forgiveness are the signs of

los brazos abiertos de la redención,
la mirada al cielo y el deber cumplido
en la cruz del Cristo, en la cruz del Verbo,
en la cruz del Hijo
en la luz del Padre-Espíritu Santo
que a todos bendijo.

*"Paz a vosotros*
*Mirad mis manos y mis pies que Yo mismo Soy"*

dijo, tras vencer en la cruz.
¡Vive la vida en luz!
Muere la muerte.
Vencida, yace ya,
hundida, para siempre, está.

¡Victorioso es Jesús!
Ondéase sobre la muerte, Cristo Jesús.

Ondéase sobre la muerte
la nueva vida
redarguida y redimida
por el poder de Dios
por el amor de Dios
por la sangre preciosa del Cristo de la cruz,
por la sangre preciosa del Redentor Jesús.

the open arms of redemption,
the glance to the sky, and the fulfilled duty,
in the cross of Christ, in the cross of The Verb
in the cross of the Son
in the cross of the Father and the Holy Spirit
that blessed us all.

*"Peace be unto you"* —
*"Behold my hands and my feet, that it is I myself."*

He said, after triumphing in the cross.
Life lives in the light!
Death die
defeated, lies
it is ruined forever.

¡Victorious is Jesus!
Jesus Christ waves above death.

Above death
the new life waves, redeemed
by God's power
by God's love
by the precious blood of that Jesus of the cross
by the precious blood of that Redeemer, Jesus.

## Epitafio

vive aquí
un poeta
con su eterna penitencia

sépase
que eterna
solo es ella

—no él—

a él solo le cabe
morirse de vivir
la muerte de su vida.

## Epitaph

Here lives
a poet
doing eternal penance

let it be known
that only penance.
is eternal

--not he —

his lot is only
to die from living
the death he lives.

## Diálogo para uno

No me da miedo comenzar de nuevo.
No temo entrar en la noche sin abrigo;
ya el día tejió, sobre mí, trincheras.

No me da miedo comenzar de nuevo,
romper el ritmo de las horas diarias,
y decirme que ya es tarde la mañana,
o bien ignorar la amenaza del  tiempo.

¿Por qué temer el comenzar de nuevo?
Desconocer la muerte suele ser la libertad.

¿Para qué asirme, si solo me limito?

No me da miedo comenzar de nuevo.
No me da miedo. No. No me da miedo.

## Dialogue for One

I do not fear beginning once again.
I do not fear the night without protection
because the day wove trenches over me.

I do not fear beginning once again,
breaking the rhythm of the hours to tell
myself the morning has come late,
and I don't care what weather to expect.

Why should I fear beginning once again?
Ignoring death is how freedom is won.

Why chain myself to what can only bind me?

I will not fear beginning once again.
I must not fear. No. No. I do not fear.

## Apéndice: Glosario

**Agüeybaná:** cacique taíno de Borinquen, que combatió a los colonizadores españoles, quienes esclavizaron a los taínos.

**Balsié:** instrumento musical de percusión; hecho del tronco de un árbol. Es parte de la herencia africana. Se usa en los ritmos de atabales o palos en la música folklórica dominicana.

**Barrancones:** edificios donde alojaban a los obreros de la industria azucarera. En ellos las familias compartían cocinas y baños; eran muy comunes en los bateyes donde también se les llamaban "los blocks" porque son construídos de bloques de cemento.

**Batey:** campo donde habitan los jornaleros que laboran en los campos de caña de azúcar. La palabra Batey es de origen taíno y era una plaza donde los indígenas celebraban ceremonias religiosas (areitos) y sociales, también donde jugaban al batú, hoy conocido como pelota.

**Bateyero(a):** persona originaria de un batey.

**Bayajonda:** término coloquial usado para referirse a la bayahonda, un árbol muy espinoso que abunda en los campos. Su madera es usada en construcciones rurales.

**Biembesabe:** término coloquial dado al bienmesabe; un dulce aperitivo hecho con harina de trigo, coco y azúcar; muy popular en el Caribe.

**Bombón:** dulce aperitivo hecho de harina muy popular en el Caribe.

**Cachipa:** nombre coloquial dado a cachispa, la polución del bagazo quemado en los ingenios azucareros. Cachispa que es la corteza de cierto árbol.

## Appendix: Glosary

**Agüeybaná:** A Taíno Chief from Borinquen (Puerto Rico), that fought The Spaniards, who enslaved the Taíno people.

**Balsié:** A percussion musical instrument made out of a tree trunk, part of the African heritage. The balsié is used in a rhythm called *atabales o palos* in Dominican Folklore music.

**Barrancones:** Housing built for sugar-mill workers. Featured shared common bathrooms and kitchens. The barrancones are very common in the bateyes, and they are called "los blocks" because they are built out of cement and bricks.

**Batey:** A land where sugar-cane farm workers live. Batey is a Taíno word for the place where they celebrated religious ceremonies called Areitos; and other social events. The Taínos used batey to play batú, a baseball game, in their times.

**Bateyero:** A person born and raised in a batey.

**Bayajonda:** A colloquial term used instead of bayahonda, a thorny tree that abundates in rural areas of tropical countries. Bayahonda's wood is used in rural areas.

**Biembesabe:** A colloquial term given to the bienmesabe; a sweet snack made of wheat flour, coconut, and sugar. It is very popular in the Caribbean. (Bienmesabe means "it tastes good to me.")

**Bombón:** A sweet snack made of flour, eggs, and milk. It is similar to a corn cake.

**Cachipa:** Colloquial term given to the pollution of burned bagasse in the sugar cane mills. It is also called *cachispa*. Cachispa is a tree bark.

**Caoba:** árbol de madera preciosa, de gran utilidad.

**Cimarrón:** nombre dado a las personas esclavizadas que se alzaban en rebeldía y escapaban por su libertad, formando territorios libres llamados manieles y palenques. Los cimarrones formaron grandes comunidades de familias libres que cultivaron la tierra y desarrollaron su propia economía.

**Cocolo:** afrodescendiente libre, de habla inglesa que poblaba y trabajaba en las zonas azucareras y en plantaciones de algodón en las islas de las Antillas. Los cocolos contribuyeron grandemente en la industria azucarera dominicana y aportaron valiosos recursos culturales; también influyeron en la formación de iglesias evangélicas protestantes.

**Encomendados:** personas esclavizadas asignadas a patronos por parte de los colonizadores traficantes de seres humanos y explotadores de los mismos. Los encomendados fueron abusados y obligados a trabajar sin paga.

**El Cayo:** lugar muy significativo para la comunidad del Batey Central Barahona (lugar de nacimiento del autor), donde atracaban los barcos para la exportación del azúcar producido en el Ingenio Barahona. Un cayo es un islote de blandas arenas caracterizado por los maglares y los corales.

**Guaroa:** destacado indígena taíno que en la isla de Haití —también llamada Quisqueya y Santo Domingo— luchó contra la esclavitud a la que los españoles sometieron a los taínos.

**Guayacán:** árbol de madera muy popular comercializada en las áreas rurales del Caribe, para producir carbón.

**Caoba:** Mahogany, a tree prized for its wood.

**Cimarrón:** Name given to runway slaves. They created free territories called *manieles* and *palenques*. The Cimarrones created large communities of free families; built up agriculture and developed their own economy.

**Cocolo:** A free English speaker Afro person that lives and works in sugar-cane areas or in cotton farms in the Caribbean. The Cocolo made great contribution to the Dominican sugar industry and brought valuable cultural resources; they also played a key role in the developing of evangelical protestant churches.

**Encomendados:** Slaves given to landowners by the colonial authorities. The *encomendados* were abused and forced to work for free under inhumane conditions.

**El Cayo:** It is a very meaningful place to the Batey Central Barahona community (author's birth place), where ships picked up exported sugar produced in the sugar-mill of Barahona. El Cayo is a cape or key of soft-clean sand full of coral, and mangle trees.

**Guaroa:** A brave Taíno warrior that fought against slavery in the island of Haiti —also called Quisqueya and Santo Domingo— where the Spaniards enslaved the Taíno people.

**Guayacán:** A very popular tree because its wood is used in business in rural areas of the Caribbean to produce firewood and houses.

**Guatapaná:** término coloquial usado en los campos para nombrar al <u>Guatapanal</u>, árbol tropical, muy frondoso, cuya semilla y hoja se las usa en los campos para preparar remedios tradicionales.

**Hatuey:** destacado cacique taíno que en la isla de Haití luchó contra los españoles. Eventualmente huyó a Cuba, a alertar a los taínos de allí sobre la esclavitud indígena por parte de los colonizadores.

**Lemba:** destacado líder cimarrón que luchó contra la esclavitud. Uno de los líderes del Cimarronaje, movimiento de afrodescendientes que crearon comunidades libres llamadas manieles y también palenques, en la isla de Haití. Lemba es un ícono en la historia dominicana.

**Mabí:** bebida refrescante tradicional caribeña hecha de la corteza y/o de las raíces del árbol caribeño llamado "bejuco de indio". Mabí es un término taíno.

**Montesinos:** Fray Antón de Montesinos, monje católico de la orden de los dominicos que levantó su voz contra la explotación de los indígenas y que en sus sermones y por lo cual fue condenado a retractarse, pero no lo hizo y desde su púlpito declaró que los indios eran seres humanos como los españoles.

**Moreno:** persona afrodescendiente fruto de la mezcla de razas. Es, en verdad, un eufemismo usado para evitar la identidad negra en Santo Domingo y otras áreas del Caribe. Moreno, al igual que "indio"; "indio-claro"; "prieto"; "pirimoneno"; "lavaíto"; son términos usados en República Dominicana y otros países caribeños para desconocer la ascendencia africana.

**Guatapaná:** A colloquial term used in rural areas to name the *Guatapanal* tree, a tropical leafy tree. Guatapanal flower and fruit were used in rural areas to prepare traditional remedies.

**Hatuey:** A distinguished Taíno Chief of Haiti (Quisqueya) island that fought against the Spaniards. He eventually left to Cuba to warn the Taínos living there about the slavery and atrocities committed by the Spaniards.

**Lemba:** A Cimarron leader who fought against slavery in Quisqueya. Sebastián Lemba was one of the leaders of the *Cimarronaje,* a guerrilla movement that created vast of free communities called *manieles* and *palenques.* Lemba is an icon in Dominican History.

**Mabí:** It is a Taíno word given to a very popular traditional refreshing drink made out the roots of a Caribbean tree called "Bejuco de Indio".

**Montesinos:** Fray Antón de Montesinos, a Catholic Monk from the Dominicos Order, raised his voice in his sermons against the slavery of the Taíno people; eventually he was condemned to retract his statements but he didn't. He continued saying that Taínos were human beings with a soul, just like the Spaniards.

**Moreno:** A brown or dark-skinned person. Depending on the context, used as a term of endearment or as an insult. This term is a euphemism used by people that try to hide the African heritage in Santo Domingo and other areas of the Caribbean. They use: "indio"; "indio-claro"; "prieto"; "pirimoreno"; "lavaíto"; all these terms are meant to avoid the negro identitiy in the Dominican Republic.

**Muemén:** En Kreyól (Creol haitiano) es Mwenmenm, que significa "yo mismo". En el contexto del libro, Muemén es un personaje muy íntimo al autor. El autor se refiere a Julio Brito, amigo de infancia, ya fallecido.

**Mulato**: afrodescendiente nacido de las relaciones entre los blancos colonizadores y los africanos esclavizados. Así fueron creados los "mulatos".

**Ra-rá:** ritmo musical haitiano de gran influencia en las zonas cañeras. El derivado dominicano es llamado Gagá. Es muy popular en los bateyes.

**¡Se montó Marielá!:** es una expresión idiomática que significa que Marielá está "poseida" por un espíritu. Marielá fue una famosa bailadora de Gagá en el Batey.

**Taíno:** aborigen de la raza Taína. Los taínos fueron exterminados por los colonizadores. Habitaban mayormente en las islas de Cuba, Santo Domingo y Puerto Rico.

**Tantán o Tam-tan:** instrumento musical de origen africano. Esta variedad de tambor es usada por los músicos del gagá, en las comunidades bateyeras.

**Muemén:** In Kreyól (Haitian Creole) is Mwenmenm, that means 'I, myself.' In the context of this book, Muemén is a very intimate *bateyero* character tied to the author. The author refers to his beloved Julio Brito, who passed away.

**Mulato:** Used to categorize a person of mixed heritage. Very often the child born from the rape of an enslaved black woman by a white slaveowner.

**Ra-rá:** Hatian music that has great influence in sugar-mill areas. The Dominican version of Ra-rá is called Gagá. It is popular in the *bateyes*.

**¡Se montó Marielá!:** It is an idiomatic expression that means Marielá is "possesed" by a spirit. Marielá was a famous dancer of Gagá (Ra-rá) in the Batey.

**Taíno:** An aborigine of the Taíno race. The Taínos were mostly killed by the colonizers. They lived in Cuba, Santo Domingo, Puerto Rico, and others Caribbean islands.

**Tantán o Tam-tan:** A musical instrument from Africa. This kind of drum is used in the Gagá in *bateyeras* communities.

**Otros libros de Juan Matos**:

Crecer (1989)

De mi desidia (1991)

Amor de noche y mar (1996)

De las parras (1997)

Con pecado concebido (2001)

Azúcar, cayo y puerto (2003)

Del milagro de la espera (2005)

Temblor de espejos (2011)

Azúcar, cayo y Puerto/Sugar, cape and port (2017)

**Otros libros de/Other books by Books&Smith**


Norumbega poesía selecta
*Luis María Lettieri*


Azúcar, cayo y puerto / Sugar, cape and port
*Juan Matos*


Voces del vino (antología poética)
*María Palitachi*


Tandava
*Silvia Siller & Edgar Smith*


Temblor de lunas / A shuddering of moons
*Luis Reynaldo Pérez (traducción de Edgar Smith)*


After the sea
*Gisela Vives (traducción de Edgar Smith)*


Niña del Ozama
*Eunice Castillo*


De la ciudad y otras luciérnagas
On the city and other fireflies
*Yolanda Hernández (traducción de Rhina P. Espaillat)*

# ÍNDICE

# INDEX